Colin Masely

Ein Mensch-Eine Masse-Eine Marionette

Die grundlegende Psychologie & Methodik hinter Propaganda

Impressum

© 2020 Colin Masely

Autor: Colin Masely

Umschlaggestaltung, Illustration: Miomedia, Spot-Werbung, tredition GmbH

Lektorat, Korrektorat: Gretta Bott

weitere Mitwirkende: Damian Zingg, Clara Cortés, Michel Grunder, Linus Peter

Verlag & Druck: tredition GmbH, Halenreie 40-44, 22359 Hamburg

ISBN: 978-3-347-08672-2 (Paperback)
      978-3-347-08673-9 (Hardcover)
      978-3-347-08674-6 (e-Book)

Das Werk, einschließlich seiner Teile, ist urheberrechtlich geschützt. Jede Verwertung ist ohne Zustimmung des Verlages und des Autors unzulässig. Dies gilt insbesondere für die elektronische oder sonstige Vervielfältigung, Übersetzung, Verbreitung und öffentliche Zugänglichmachung.

Bibliografische Information der Deutschen Nationalbibliothek:

Die Deutsche Nationalbibliothek verzeichnet diese Publikation in der Deutschen Nationalbibliografie; detaillierte bibliografische Daten sind im Internet über http://dnb.d-nb.de abrufbar.

Inhaltsverzeichnis

EINLEITUNG 9

TEIL I: DIE KUNST DER PROPAGANDA 13

1 EINFÜHRUNG 15
1.1 WAS IST PROPAGANDA? 15
1.2 WERBUNG VS. PROPAGANDA 20
1.3 WARUM PROPAGANDA JEDEN ETWAS ANGEHT 24

2 WENN DAS INDIVIDUUM VERSCHWINDET:
GRUPPENDYNAMIK UND DIE PSYCHOLOGIE, DIE HINTER DER PROPAGANDA STECKT 29
2.1 PSYCHOLOGIE DES INDIVIDUUMS BEZÜGLICH DER MASSE 30
2.2 DIE PSYCHOLOGIE DER MASSE 34

3 DER NÄHRBODEN DER MANIPULATION:
WELCHE VORAUSSETZUNGEN MÜSSEN GEGEBEN SEIN, DAMIT PROPAGANDA ÜBERHAUPT FUNKTIONIERT? 43
3.1 INNERE UMSTÄNDE 44
3.2 ÄUSSERE UMSTÄNDE 47

4 DAS HANDBUCH DER BEEINFLUSSUNG:
DIE MITTEL UND METHODIK ZUR PROPAGANDA 53
4.1 ANGEWANDTE METHODIK UND WIRKUNGSWEISE 54
    4.1.1 Methodik der Meinungsänderung 54
    4.1.2 Propagandawirkungsmodelle 62
    4.1.3 Angewandte methodische und psychologische Grundsätze 68
4.2 ANGEWANDTE MITTEL 71
    4.2.1 Massenmedien (Radio/Zeitung/Fernsehen) 72
    4.2.2 Visuelle Mittel (Plakat/Film) 75
    4.2.3 Das gesprochene Wort und Events 77

TEIL II: DIE MEISTER DER PROPAGANDA 83

1 VON HITLERS "MEIN KAMPF" BIS ZUM "TOTALEN KRIEG" DURCH GOEBBELS:
DIE GRUNDSÄTZE DER PROPAGANDA NACH ZWEI DER
WICHTIGSTEN NS-AGITATOREN 85

    1.1 ADOLF HITLERS GRUNDSÄTZE DER PROPAGANDA 86
    1.2 JOSEPH GOEBBELS GRUNDSÄTZE DER PROPAGANDA 90
    1.3 GEMEINSAME PROPAGANDAGRUNDSÄTZE 94

2 VON REDEN, RUNDFUNK, PRESSE UND DER WOCHENSCHAU:
WELCHE MITTEL SETZTEN DIE NATIONALSOZIALISTEN ZUR
ERREICHUNG IHRER PROPAGANDAZIELE EIN? 97

    2.1 PROPAGANDAORGANISATION, ZENSUR UND DIE GEZIELTE EINSETZUNG
    DER MEDIEN 98
        2.1.1 Propagandaorganisation und Zensurkonzept 99
        2.1.2 Die gezielte Einsetzung der Medien 105
    2.2 PROPAGANDAMETHODIK UND IHRE UMSETZUNG IN BILDERN
    UND REDEN 112
        2.2.1 Propagandamethodik und ihre Umsetzung in Bildern 113
        2.2.2 Die Macht der Rhetorik 118

DIE GRENZEN DER MANIPULATION:
WIE EFFEKTIV WAR DIE NS-PROPAGANDA WIRKLICH? 123

    3.1 WIE AUSSCHLAGGEBEND WAR DIE PROPAGANDA DER NSDAP FÜR
    DEREN WAHLERFOLG? 123
    3.2 WIE EFFEKTIV WAR DIE PROPAGANDA DER NSDAP NACH DER
    MACHTÜBERNAHME? 129

4 VON DER WAHLKAMPAGNE BIS ZUM IRAKKRIEG:
PROPAGANDA HEUTE 133

    4.1 WIE PROPAGANDA HEUTE ZU VERSTEHEN IST 133
    4.2 DIE GEFAHR, DIE BIS HEUTE VON PROPAGANDA AUSGEHT 137

ABSCHLUSS **143**

DANKSAGUNG **147**

QUELLENVERZEICHNIS **151**
    LITERATURVERZEICHNIS 151
    INTERVIEWS 154
    WEBSITES 154
        Filmausschnitte aus nationalsozialistischen Reden 154
        Tonausschnitte aus nationalsozialistischen Reden 155
        Nationalsozialistische Propagandafilme 155

Einleitung

Das 21. Jahrhundert. Eine neue Ära, ein Jahrhundert voller Freiheit. Gesellschaftliche Normen werden immer wieder aufs Neue hinterfragt und jede und jeder kann sein wie und was er oder sie möchte. Persönlichkeitsrechte und die Freiheit, eigene Entscheidungen zu treffen, werden grossgeschrieben. Die Unterdrückung und Kontrolle während des Kommunismus und Nationalsozialismus liegen viele Jahre zurück und die Manipulation der eigenen Bürger sowie die Steuerung der Bevölkerung sind für die meisten nur noch ein Schatten der Vergangenheit. Sind wir wirklich so frei?

Ist die Manipulation, die Propaganda mit den totalitären Staaten untergegangen? Nein, sie hat sich nur angepasst. Wie ein Parasit, der den Wirt wechselt, ist sie nie wirklich verschwunden, sondern hat sich nur adaptiert. Propaganda zeigt ihr Gesicht heutzutage in Form von massgeschneidertem Werbecontent, aber auch in der Manipulation durch sogenanntes Influencer Marketing oder in personalisierten Werbewebseiten. Webseiten können tatsächlich individuell auf den Konsumenten zugeschnitten werden, um ansprechender zu wirken.

Die Wahrheit ist also: Die Themen Manipulation und Propaganda sind aktueller denn je. Sie sind keineswegs verschwunden, sondern werden von uns einfach nicht mehr als solche wahrgenommen. Natürlich erkennt man ein Werbeinserat als solches, doch ist man sich wirklich über dessen Tragweite bewusst? Und was geschieht erst mit den unerkannten Manipulationsversuchen? Die Antwort erscheint beängstigend: Sie bohren sich ins Unterbewusstsein und animieren uns zu Handlungen, die wir ohne die Beeinflussung nie getan hätten. Das Erstaunlichste daran aber ist, dass wir alle denken, eine solche provozierte Handlung sei unsere eigene, freiwillige Entscheidung. Es ist einem oft nicht bewusst, dass man zur Marionette geworden ist. Je länger die Beeinflussung anhält, desto schwieriger ist es ihr zu entkommen.

Gerade deswegen ist es wichtig, diesen Prozess zu stoppen, bevor er überhaupt begonnen hat. Will man also nicht länger blind und ungeschützt durchs Leben gehen, sollte man sich mit der Propaganda, der Kunst der Manipulation, auseinandersetzen. Genau darum soll es in diesem Buch gehen: Es soll ein Abwehrnetz schaffen, das die Manipulationsversuche erkennt und unschädlich macht. Es soll helfen, Propaganda nicht nur zu erkennen, sondern sie auch in ihrer Ganzheit zu verstehen. Die Gegenwart kann aber nur verstanden werden, wenn man seine Vergangenheit kennt. Aus diesem Grund ist es wichtig, den Blick zurück in das nationalsozialistische Deutschland zu richten. Dieser Rückblick zeigt, dass sich Werbung zum Teil noch heute Mechanismen bedient, die schon Goebbels und Hitler verwendeten.

Es ist mir vor allem wichtig, das Ganze so einfach und verständlich, aber gleichzeitig so exakt und vollständig wie möglich zu halten. Dieses Buch soll einen umfassenden Einblick in das Thema der Propaganda schaffen und wirklich alle Facetten beleuchten. Dabei soll es aber stets spannend und realitätsnah bleiben. Das wird grösstenteils dadurch erreicht, dass das Wissen aus jedem grösseren Fachbereich zusätzlich zu dem Lehrbuchwissen auch aus Fachwissen verschiedener Experten auf diesen Gebieten stammt. Das sorgt für eine praktische und realitätsbezogene Sicht der jeweiligen Themenbereiche. Somit ist ein Buch entstanden, dass das gesamte Wesen der Propaganda zusammenfassen soll: Von ihrer Psychologie über ihre Methodik bis hin zu ihrer praktischen Anwendung durch die Nationalsozialisten.

Nach der Lektüre wird die Welt mit anderen Augen gesehen werden. Eine Welt voller Beeinflussung, Manipulation und Propaganda, die plötzlich nicht mehr unsichtbar ist. Die nicht länger fähig ist, zu manipulieren und zu beeinflussen. Wer hat sich noch nie gewünscht, hinter die Absichten der Manipulatoren, der Beeinflusser zu sehen (sowohl historisch als auch alltäglich)? Wer will nicht unbehelligt durchs Leben gehen, ohne unterschwellig beeinflusste Käufe oder Entscheidungen? Wie erkennt man aber die Manipulation? Wie schützt man sich davor?

Teil I:

Die Kunst der Propaganda

1 Einführung

Dieses erste Kapitel dient der Einführung. Es wird einerseits die Geschichte der Propaganda beleuchten, andererseits wird es einen genaueren Einblick in die Aktualität des Themas geben und den Begriff der Propaganda erklären. Was ist unter Propaganda zu verstehen? Woher stammt der Begriff? Warum sollte mich dieser Begriff interessieren? Dies sind alles Fragen, die es zu klären gilt, wenn man sich eingehend mit der Propaganda auseinandersetzen will. Diese Fragen zu beantworten, hilft, das Bild des Begriffes zu schärfen: Wo war er überall präsent und wo ist er es noch immer?

1.1 Was ist Propaganda?

Bevor man sich ausgiebig mit dem Thema der Propaganda beschäftigen kann, muss zuerst geklärt werden, wie der Begriff zu definieren ist. Woher stammt er und wie hat er sich im Laufe der Geschichte gewandelt? Wie wurde der Propagandabegriff zu dem, wie er heute gebraucht und verstanden wird?

Um bei den Ursprüngen dieses Begriffs zu beginnen, muss man sich viele Jahrhunderte zurückbegeben und den Blick nach Rom richten. Warum nach Rom? Im 17. Jahrhundert gründete dort Papst Georg XV. die Institution der sogenannten *Sacra Congregatio de propaganda fide*. Genau hier tritt die Propaganda das erste Mal auf den Plan der

Weltgeschichte und wird dort auch nicht mehr so schnell verschwinden. Das Wort stammt vom lateinischen Verb *propagere* ab, was so viel wie «ausbreiten» bedeutet. Aber was wollte der Papst ausbreiten? Ganz einfach: den katholischen Glauben. Also ist der Propagandabegriff in seinen Ursprüngen als Verbreitung des katholischen Glaubens zu verstehen. Diese Bedeutung änderte sich jedoch schon bald.

Bereits zu Zeiten der Französischen Revolution näherte sich der Begriff um einiges der heutigen Bedeutung. Aus der Verbreitung des katholischen Glaubens wurde die Verbreitung einer politischen Idee. Zu Zeiten der Französischen Revolution entsprach dies der Verbreitung des Revolutionsgedanken. Doch immer noch war der Begriff in keiner Weise schlecht geprägt. Dennoch schwingt bei heutigem Gebrauch immer auch eine gewisse Negativität mit. Woher stammt diese ganze Negativität?

Die negative Prägung stammt zu kleinen Teilen aus dem Ersten und zu grossen Teilen aus dem Zweiten Weltkrieg. Hier durchlief der Begriff nämlich seine letzte Metamorphose. Zu dieser Zeit wandelte sich der Begriff der Propaganda zum Mittel zur Durchsetzung militärischer und politischer Ziele. Es wird ersichtlich, dass es nicht mehr um die Verbreitung, sondern ganz klar um die Durchsetzung einer Idee geht. Dadurch wird ganz klar ein Zwang impliziert. Diese eher negativ behaftete Bedeutung des Propagandabegriffes hält sich bis heute. Daran sind hauptsächlich Agitatoren wie Hitlers Propagandaminister Joseph Goebbels *(der im Kapitel 1 des zweiten Buchteiles noch etwas genauer beleuchtet werden wird)* Schuld, die mit ihrer Gräuelpropaganda den Begriff für immer nachhaltig geprägt haben.

Da jetzt die historischen Hintergründe dieses Begriffes geklärt sind, soll nun das Augenmerk auf einige Definitionen gerichtet werden. Diese werden den Propagandabegriff so definieren, wie er für dieses Buch verstanden werden soll. Bevor man sich aber mit den verschiedenen Definitionen auseinandersetzt, muss klargestellt werden, dass es zwei grundlegende Definitionsansätze gibt. Der eine Ansatz ist allgemein unter dem Begriff der `engeren Definition` bekannt. Enger deshalb, weil dieser Ansatz Propaganda als totalitäre Informationskontrolle ansieht. Dem Konsumenten wird eine neue Meinung nicht nur nahegelegt, sondern durch fehlende Alternativen nahezu aufgezwungen. Dieser Definitionsansatz entspricht der Propaganda in totalitären Staaten und Diktaturen. Dem gegenüber steht eine Definition die den Begriff lediglich als Meinungslenkung definiert. Gemäss dieser Definition kann jeder selbst entscheiden, ob er die Meinungsänderung zulässt oder nicht. In diesen Definitionsbereich fallen beispielsweise die Wahlkampagnen, mit denen früher wie heute grosse Erfolge erzielt werden. Diese beiden Ansätze gehen oft Hand in Hand und richten sich oft nach den äusseren Einflüssen (Totalitärer Staat oder nicht). Dieses Buch wird sowohl auf die engere als auch auf die weitere Definition eingehen.

Ein sehr wichtiger Aspekt bei der Definition des Propagandabegriffs ist die Frage nach ihrer Zielsetzung. Wie erkennt man eine mögliche Beeinflussung? Ganz genau: Man muss Ihr Ziel kennen. Hierfür werde ich mich auf Thymian Bussemer beziehen, aus dessen Buch *Propaganda: Konzepte und Theorien* sich eine sehr gute Definition ableiten lässt. So verfolge die Propaganda das Ziel, die Ideologie und Meinungen einer Masse durch gezielte selektive Informationserstattung und Manipulation im Interesse von politischen Zielen zu verändern[1]. In dieser Definition sind schon sehr viele wichtigen Aspekte enthalten. Erstens, Propaganda will die Masse, also alle Leute und nicht nur eine Person, lenkbar machen. Zweitens, um diese Lenkbarkeit möglichst lange aufrecht zu erhalten, muss die Meinung und die Ideologie einer Masse verändert werden. Dies geschieht zu unser aller Unbehagen oft durch eine sehr manipulative und undurchsichtige Weise. Die Zielsetzung ist also somit auch klar. Oder vielleicht doch nicht?

Diese Ausführung enthält meiner Meinung nach noch eine sehr grosse Lücke, welche ich gerne mit Gerhard Meletzkes Definition der Propaganda füllen möchte. Dieser definiert sie nämlich wie folgt: «*Propaganda sollen geplante Versuche heissen, durch Kommunikation die Meinung, Attitüden, Verhaltensweisen von Zielgruppen unter politischer Zielsetzung zu beeinflussen.*[2]». In dieser

---

[1] (Bussemer, 2008, S. 34)
[2] (Bussemer, 2008, S. 31)

Definition fehlen wichtige Teilpunkte wie die Masse und die Manipulation, doch enthält sie die Komponente der Verhaltensweise, welche die Lücke in der Definition nach Bussemer schliessen kann und für die Zielsetzung essenziell ist. In fast allen Fällen will nämlich der Propagandaproduzent eine gewisse Verhaltensweise bezwecken. Somit darf dieser Aspekt auf keinen Fall vernachlässigt werden.

Die Rede vom Propagandaproduzenten führt uns auf direktem Wege zu einem der Prominentesten unter ihnen: Adolf Hitler. Diktator, Demagoge und nach Joseph Goebbels der wichtigste Mann, was Propaganda im Dritten Reich anbelangte. Auch seine persönliche Definition des Ziels der Propaganda deckt sich in grossen Massen mit den bisher dargelegten Definitionen. Bei Hitler spielt die Masse ebenfalls eine wichtige Rolle, so schreibt er in *Mein Kampf*: «*Die Aufgabe der Propaganda liegt nicht in einer wissenschaftlichen Ausbildung des einzelnen, als vielmehr in einem Hinweise der Masse auf bestimmte Tatsachen, Vorgänge, Notwendigkeiten usw., deren Bedeutung dadurch erst in den Gesichtskreis der Masse gedrückt werden soll.[3]*». Aus diesen Ausführungen geht noch einmal ganz klar hervor, wie wichtig die Masse für die Propaganda ist. Denn es geht hier vielmehr um die Manipulation eines ganzen Volkes, als nur um die Unterwerfung eines Einzelnen. Nun ist das Fundament geschaffen, um tiefer in die Materie der Manipulation einzutauchen. Nach

---

[3] (Hitler, Hitler, Mein Kampf: Eine Kritische Edition, 2016, S. 499)

diesem sehr theoretischen Kapitel ist es an der Zeit, endlich etwas praktischer zu werden und den Alltag zu beleuchten. Ausserdem will ich zeigen, warum die Propaganda längst nicht mit dem Dritten Reich untergangen ist. Zu diesem Zweck wird im nächsten Kapitel der jüngere Bruder der Propaganda – die Werbung – etwas genauer beleuchtet.

1.2 Werbung vs. Propaganda

Werbung ist überall. Auf dem Arbeitsweg, in Zeitung und Fernsehen, sie umgibt uns und nimmt Einfluss auf unser Leben. In diesem Kapitel soll ihre nahe Verwandtschaft mit der Propaganda behandelt werden. Wo sind sich die beiden Begriffe ähnlich? Wo unterscheiden sie sich? Dies sind alles Fragen, die es geklärt werden müssten und von denen jeder betroffen ist.

Da es im vorherigen Kapitel hauptsächlich um das Propagandaziel ging, werde ich mit diesem Aspekt beginnen. Auch die Werbung verfolgt ein ganz bestimmtes Ziel, auch sie will die Einstellung einer Zielgruppe verändern. Dieses Ziel besteht oft darin, das Konsumverhalten der Werbekonsumenten zu kontrollieren. So verfolgen die alltäglichen Produktwerbungen in erster Linie die Absicht, die Einstellung eines Konsumenten gegenüber einem Produkt zu verbessern. Auch hier wird eine Verhaltensänderung angestrebt. Man will, dass die Kunden das Produkt kaufen oder, dass diese ihre Krankenversicherung oder den Reiseplaner wechseln. Bei den Zielgruppen der Werbung, bzw. der Propaganda, können aber durchaus einige Unterschiede festgestellt werden.

Propaganda « *[...] hat sich ewig und nur an die Masse zu richten[4]* », wie es Adolf Hitler schon betont hatte. Dies lässt sich gut nachvollziehen, da man mit der Propaganda immer einen ganzen Wahlkreis oder ein ganzes Volk zu überzeugen hat. Lässt sich diese Zielgruppe so ohne weiteres auf die Werbung übertragen? Diese Frage lässt sich ganz klar mit «Nein» beantworten. Natürlich gibt es auch Werbungen, die an die Masse appellieren, diese kommen aber oft sehr plump und schwerfällig daher. Es sind die Art von Werbungen, die jeden Tag als störend wahrgenommen werden. Dies sind aber längst nicht alle Werbungen, denn sie können sich auch nur gezielt an einzelne Gruppen wenden, ohne eine Mehrheit erreichen zu müssen. So kann eine Luxus-Uhrenwerbung nur auf Leute der oberen Gesellschaftsschicht zugeschnitten werden, oder eine Anti-Aging-Creme auf Frauen über 40.

Ein weiterer Bereich, in welchem sich Propaganda und Werbung ähneln, wie ein Ei dem anderen, sind die Mittel, die beide für ihre Verbreitung einsetzen. Dazu gehören vor allem die Zeitung, das Plakat, das Radio, der Fernseher und seit einigen Jahren auch das Medium Internet. Es lassen sich also alle von mir beschrieben Propagandamittel ohne Weiteres auch auf die Werbung übertragen. Als weitere Gemeinsamkeit lässt sich hier auch die oft undurch-

---

[4] (Hitler, Hitler, Mein Kampf: Eine Kritische Edition, 2016, S. 497)

sichtige und manipulative Vorgehensweise der beiden Bereiche nennen. Beide haben grosses Interesse daran, dass ihre Beeinflussungsversuche unerkannt bleiben und somit nicht ihre Wirksamkeit einbüssen. Denn ist eine Beeinflussung als solche entlarvt, funktioniert sie grösstenteils nicht mehr.

Aber wie geht nun die Werbung bzw. die Propaganda eigentlich vor? Über die Methodik der Propaganda wird im Kapitel 4, *Handbuch der Beeinflussung*, eingegangen. Ich werde hier ausschliesslich die Grundsätze nennen, die für den direkten Vergleich mit der Methodik der Werbung ausschlaggebend sind. Es ist vielleicht schon klar, dass bei einer relativ ähnlichen Zielsetzung und gleichen Medien auch die Methoden sehr ähnlich sein müssen. Genau das ist auch der Fall. Da die Gemeinsamkeiten zu einem grossen Teil überwiegen, sollen hier auch nur diese genannt werden. Hierbei ist einer der wichtigsten Grundsätze, dass sich die Propaganda bzw. die Werbung von der Masse abheben muss. Das ist vor allem heutzutage wichtig, um in der mittlerweile riesigen Informationsflut überhaupt wahrgenommen zu werden. Hierfür muss die Botschaft so oft wie möglich wiederholt werden, damit sie wahrgenommen und aufgenommen wird. Des Weiteren wird in beiden Bereichen mit einer sehr starken Plakativität gearbeitet. Denn nur, wenn die Botschaft einfach ist, wird sie auch wirklich verinnerlicht. Die Einfachheit der Botschaft reicht aber nicht aus, wenn die Werbung oder die Propaganda nicht glaubwürdig erscheint. Das heisst: Die hohe Glaubwürdigkeit ist ein weiterer wichtiger Grundsatz. Diese Überzeugungskraft wir oft durch die Fürsprache von Experten erreicht. Das prominenteste Beispiel hierfür ist die TV-Zahnartikelwerbung, in welcher angebliche Zahnmediziner beteuern, wie einwandfrei das Produkt sei. Hierbei ist es völlig egal, ob der Experte tatsächlich einer ist. Er muss nur glaubwürdig wirken, was in diesem Fall durch das Tragen eines Kittels erreicht wird. Der letzte und nicht zu vernachlässigende Grundsatz stellt schliesslich das Auslössen einer gewissen Handlungsdringlichkeit dar. Die Werbe- oder Propagandabotschaft muss also, wie Meletzke sagt, auch die Verhaltensweise ändern, um wirklich erfolgreich zu sein. Bei der Propaganda ist es ein politisches Ziel, bei der Werbung meist der Kauf eines Produkts oder einer Dienstleistung. Ich will ausserdem kurz antönen, dass die Psychologie, die hinter der Propaganda steckt, sich in ihren Grundlagen weitgehend mit der der Werbepsychologie deckt.

So sind Propaganda und Werbung, abgesehen von ihrer unterschiedlichen Zielsetzung, schon fast Zwillinge. Es sollte jetzt klar sein, dass meine Ausführungen zum Thema Propaganda, oder vielmehr die Propaganda selbst, längst nicht nur in die Zeiten der Nationalsozialisten und der Sowjetunion gehört, sondern vielmehr eine fast erschreckende Aktualität besitzt. Denn sie ist nie untergegangen, sondern hat lediglich ihren Namen verändert. Im nächsten Kapitel will ich diese Aktualität genauer erläutern und einen Blick hinter die Kulissen der modernen Propaganda- und Werbeindustrie ermöglichen. Denn vor allem mit dem Internet ist Propaganda aktueller denn je.

1.3 Warum Propaganda jeden etwas angeht

Denken Sie, Sie haben die Werbungen und Politikkampagnen schon längst durchschaut und erkennen immer, wenn ein Manipulationsversuch im Gange ist? Falls ja, kann ich versichern, dass es sich bei diesen abgewehrten Manipulationen nur um die Spitze des Eisbergs handelt. Genau wie bei einem Eisberg läuft der grösste Teil unter der Wasseroberfläche ab. Das heisst, dass sehr viele Beeinflussungen entweder gar nicht als solche erkannt werden oder man sich ihrer Tragweite oft gar nicht bewusst ist. Haben Sie sich je gefragt, warum gerade Sie ein gewisses Internetbanner erhalten? - Speziell in Zeiten der Digitalisierung öffnet sich für die Werbetreiber ein schier unbegrenztes Feld an Möglichkeiten. In diesem Kapitel will ich aufzeigen, warum Propaganda jeden etwas angeht und warum jeder der behauptet, nicht davon betroffen oder gar immun gegen sie zu sein, sich schlussendlich nur selbst anlügt.

Um meine Ausführungen zu beginnen, will ich mit dem sogenannten *Tracking* beginnen. Denn genau hier beginnt die subtilste und am weitesten verbreitete Internetwerbemethode. Es ist längst bekannt, dass im Internet riesige Datenmengen über jeden einzelnen Nutzer gesammelt werden. Was viele nicht wissen ist, dass Firmen mit diesen Daten handeln und die Kundeprofile oft sehr detailliert sind. - Sie können familiären Hintergründe, persönliche Vorlieben, Alter aber auch Informationen zum Konsumverhalten enthalten. Wie kommen die Firmen zu den persönlichen Daten ihrer Kunden? Ganz einfach, durch die

Nutzer selbst. Heutzutage gibt jeder von uns persönliche Daten ohne grössere Bedenken im Internet preis. Viele Nutzer sind sich dessen bewusst und sagen: «Na und? Was sollen die Firmen mit meinen Daten?». Damit wird Werbungen exakt auf die Vorlieben eines jeden einzelnen zugeschnitten, sodass nur noch die Werbungen angezeigt werden, die den Konsumenten auch wirklich ansprechen. Das Ganze passiert oft, ohne dass es überhaupt bemerkt wird. Und schon ist der Werbeabwehrmechanismus eines jeden grösstenteils umgangen.

Doch dieser Mechanismus findet nicht nur in der herkömmlichen Wirtschaftswerbung ihren Ansatz. Nein, er lässt sich auch auf politischer Ebene anwenden. So ist es laut Michel Grunder, dem Head of Public Affairs[5] bei Farner (einer der grössten Marketing- und Werbefirmen der Schweiz), möglich und auch üblich, unterschiedliche Zielgruppen individuell anzusprechen und sie somit auf für sie spezifische Webseiten zu führen. Es gelangen also verschieden Zielgruppen durch denselben Link auf optisch komplett verschiedenen Internetseiten. Es sei kein Problem, die Webseiten mit verschiedenen Designs sowie verschiedenen Bildern, Bild- und Argumentreihenfolgen zu versehen. Es soll für jeden so attraktiv wie möglich dargestellt werden. Die Idee dahinter ist praktisch dieselbe wie

---

[5] Public Affairs: bezieht alle Bereiche der politischen Kommunikation mit ein (dies umfasst die Ausarbeitung von Werbekampagnen, die Interessenvertretung in der Politik als auch die langfristige Beratung von Kunden aufgrund zukünftiger politischer Entscheidungen)

beim Targeting. Spricht man Leute im Kontext ihrer Interessen an, erhöht das automatisch die Relevanz und die Aufmerksamkeit. Denn nur was für einen selbst relevant ist, wird aufgenommen und weiterverfolgt. Für diese Flexibilität und Individualität sei das Internet als Medium perfekt geeignet. Und auch hier sind die Besucher nicht über die Entstehungsweise und Hintergründe der Website informiert. So ist man sich gar nicht bewusst, dass die eigene Meinung gezielt gelenkt wird, sondern denkt viel mehr, man bilde sich eine eigene, rationale Meinung.

Ein weiteres Mittel, dass allgegenwärtig ist, sowohl in Politik- als auch in der Wirtschaftswerbung, ist das sogenannte Influencer Marketing. Hierbei wird eine angesehene Person benutzt, um Zielgruppen besser überzeugen zu können, dass ein Produkt oder ein neues Gesetz gut ist. Ein gutes Beispiel sind die Sponsorings im Sport. Trägt Roger Federer Uniqlo, muss die Kleidung gut sein. Logisch, oder? Dass er für dieses Qualitätssigel gleichzeitig viel Geld bekommt, wird oft vergessen. Heutzutage verschwimmt die Grenze zwischen eigener Meinung und gesponsorter Meinung immer mehr. Dies geschieht vor allem auf Social Media. Warum findet ein Influencer ein Produkt wirklich gut? Wird er dafür bezahlt? Oder ist es seine eigene Meinung? Dies sind Fragen, die sich augenblicklich stellen. Auf die es aber oft keine klare Antwort gibt.

Propaganda, Manipulation und Beeinflussung umgeben uns jeden Tag, ganz wie unsere Mitmenschen. Aber genau wie unsere Mitmenschen sind sie nicht leicht durchschaubar. Ich hoffe, es ist nun klar, warum die Propaganda wirklich jeden etwas angeht und ein brandaktuelles Thema darstellt. Mit diesem Kapitel ist der Einführungsteil abgeschlossen. Als nächstes soll zuerst in die Psychologie und Funktionsweise der Propaganda eingetauchten werden, bevor im zweiten Teil noch einige Beispiele der «Propagandakönige», der Nationalsozialisten, behandelt werden. Nur wer die Propaganda wirklich versteht, kann sie erkennen und sich vor ihr schützen.

2 Wenn das Individuum verschwindet:
Gruppendynamik und die Psychologie, die hinter der Propaganda steckt

Heutzutage bestimmt jeder über sein eigenes Leben. Gesellschaftliche Fesseln wurden gesprengt und jeder kann tun und lassen, was er will. Jeder trifft seine eigenen Entscheidungen, überlegte Entscheidungen. Doch ist das wirklich so? Lassen wir uns nicht oft von unseren Gefühlen beeinflussen? Sind wir nicht viel mehr gefühlsgesteuert? Zu einem grossen Teil sind wir das, denn der Mensch ist längst nicht so rational und durchdacht, wie er es gerne sein würde. Er ist vielmehr ein Gewirr aus Gefühlen, Wünschen und psychologischen Grundbedürfnissen. Diese Aspekte steuern unser Handeln, oft in unserem Unterbewusstsein. Die Aktionen eines einzelnen Menschen sind also meistens alles andere als gut durchdacht, sondern vielmehr psychologisch ferngesteuert.

Eine der faszinierendsten und oft vorerst unergründlichen Verhaltensänderung durchmacht der Mensch jedoch in Bezug auf die Masse. Das Individuum verschwindet, fügt sich mit seiner Psyche ganz in den Superorganismus der Gruppe ein. So wird aus der Psyche und aus dem Verhalten des Einzelnen die Psyche und das Verhalten der Masse. Genau diese Psychologie muss ein guter Propagandist kennen, wenn er die Masse kontrollieren will. Die Psyche eines Menschen ist nämlich der wahre Schlüssel zu seinem Verhalten.

2.1 Psychologie des Individuums bezüglich der Masse

Bevor massenpsychologische Phänomene genauer betrachtet werden können, muss zuerst der Blick auf den Einzelnen gerichtet werden. Warum treten Personen Gruppen bei? Warum ist es so schwierig, Gruppen wieder zu verlassen? Warum ist die Gruppe für den Menschen überhaupt so wichtig?

Um mit der grundlegendsten Frage zu beginnen, muss man wissen, dass die Zugehörigkeit zu einer Gruppe dem Individuum stets eine gewisse Sicherheit eröffnet. Frei nach dem Motto: «Zusammen sind wir stärker als allein». Es ist aber auch möglich, sich hinter einer Gruppe zu verstecken, wodurch man nicht länger allein für sein Handeln verantwortlich ist. Die Masse befriedigt also das menschliche Grundbedürfnis nach Sicherheit. So ist es auch nicht weiter verwunderlich, dass Clara Cortés, Doktor der Psychoanalyse in Mexiko, den Wunsch nach Gruppenzugehörigkeit als eines der fundamentalsten und stärksten Bedürfnisse eines jeden Menschen definiert. Die Menschen streben stets danach, zu einer Gewinnergruppe zu gehören und durch ihre Gruppenzugehörigkeit einen Vorteil zu erhaschen. Dieses Bedürfnis ist bei psychisch labileren Menschen noch viel stärker ausgeprägt. Sie sehnen sich nach Schutz, nach Geborgenheit. Dies kann mehrerer Gründe haben: sei es eine schwere Kindheit oder Jugend, oder einfach ein Mangel an Anerkennung. Die Gruppe erlaubt es den Leuten, genau diese Mangelerscheinungen zu 'kurieren'. In der Gruppe wird man plötzlich respektiert und man ist füreinander da.

Das ist ja alles schön und gut, aber inwiefern hat das Ganze etwas mit Propaganda zu tun? Die Antwort ist ganz einfach: die Propaganda vermittelt den Personen oft, dass ihre Anhängerschaft eine Gewinnergruppe darstellt. Wer will nicht zu den Gewinnern gehören? Deshalb würden Einzelpersonen zum Teil fast alles tun, um zu eben einer solchen Gewinnergruppe zu gehören.

Sobald eine Person sich in eine Gruppe eingefügt hat, verändert sich nach einiger Zeit ihr Verhalten und sogar ihre Denkweise. Sie adaptiert sich an das, was Gustave Le Bon[6] in seinem Buch *Die Psychologie der Masse,* so treffend als die *Massenseele* beschreibt. Was damit gemeint ist, sind die klaren Grundwerte und Normen, die jede Gruppe besitzt. Je stärker sich ein Gruppenmitglied mit seiner Gruppe identifiziert, desto stärker wird es sich an diese Normen halten und diese beibehalten. Auch würde sich kein Mitglied gegen die Gruppennorm wenden, da es somit seine Gruppenzugehörigkeit sehr stark gefährden würde. Die Person müsste damit rechnen, aus der Gemeinschaft ausgestossen zu werden. Wer kehrt schon gerne freiwillig ins Leben eines Aussenseiters zurück, wenn er doch die Stärke der Gemeinschaft erfahren hat? Genau diese Feinheit ist mitunter ein Grund, warum es vielen

---

[6] Gustave Le Bon war ein französischer Arzt, Soziologe und Psychologe. Er gilt mit seinem im Jahre 1895 veröffentlichen Buch *Psychologie der Massen* bis heute als einer der wichtigsten Psychologen im Bereich der Massenpsychologie.

Leuten sehr schwerfällt, aus Gruppen, die ihnen eigentlich zuwider sind, auszutreten. Oder sich sogar bewusst gegen sie zu stellen. Hierbei kann es sich um eine Sekte oder auch um einen schlechten Freundeskreis handeln. Es entsteht ein gewisses Abhängigkeitsverhältnis zwischen den Gruppennormen und der Gruppenzugehörigkeit. Nur wer sich bedingungslos an die Gruppennormen hält, darf auch weiter die unumstrittene Zugehörigkeit geniessen.

Dieser Umstand führt über kurz oder lang zu einer kompletten Übernahme der Grundwerte und Ideen der jeweiligen Gruppe. Hat sich diese neue Meinung, oder vielmehr eine Meinung grundsätzlich erst einmal festgesetzt, hemmt sie jegliche kontroversen Ansichten. Wer verteidigt nicht seine 'eigene' Meinung? Man hält so lange, wie irgend nur möglich, an seiner Überzeugung fest. Niemand gibt gerne zu, dass er falsch liegt. In diesem Fall ist es aber leider nicht der eigene Standpunkt, der vertreten wird, sondern vielmehr die der Masse. Aus dieser Adaption an die Gruppenseele entsteht das Phänomen der sogenannten *group silence*, also des Gruppenschweigens. Hierbei verteidigen die einzelnen Gruppenmitglieder die Ansichten und Normen ihrer Gruppe und lehnen prinzipiell alle kontroversen und fremden Denkweisen ab. Die Gruppenidee ist zu ihrer eigenen geworden. Oft sind sich die Gruppenmitglieder dessen aber gar nicht bewusst.

Es gibt aber auch noch Verhaltensweisen, die nicht zwingend an eine Gruppe mit festen Normen gebunden ist. Wobei sie natürlich auch in solchen vorkommen kann. Sobald das Individuum in eine Masse eingetreten ist, beginnen einige sehr verwunderliche und zugleich höchst spannende

Verhaltensänderungen einzutreten. Diese Veränderungen können schon nach kurzer Zeit eintreffen und erfordern nicht zwingend eine feste Identifikation des Einzelnen mit der Masse. Eines der herausragendsten dieser Phänomene ist die höhere Handlungsbereitschaft von einzelnen Personen in Gruppen. Diese vergrösserte Bereitschaft hat zwei Gründe, die ich vorher schon angetönt habe. Erstens verspricht die Masse Schutz vor Vergeltung und zweitens ist man anonym und somit nicht mehr alleine verantwortlich. Ein sehr gutes Beispiel für diesen ersten Punkt sind diverse Protestgruppen. Gemeinsam traut man sich, Missstände oder Probleme anzuprangern und dagegen zu protestieren. Aktionen, die jeder alleine nie getan oder gewagt hätte, werden gemeinsam plötzlich möglich. Hatte man alleine vielleicht Angst vor `Vergeltung` oder Ablehnung, sind diese Vorbehalte in der Gruppe wie weggeblasen. Inwiefern trägt die erhöhte Anonymität zur erhöhten Handlungsbereitschaft bei? Es ist naheliegend, denn man kann sich auch bei moralisch fragwürdigen Aktionen hinter der Gruppe verstecken. Die Masse wird hier zu einer Kunstfigur auf die man all seine Gewissensbisse, Schuldgefühle und Vorbehalte abwälzen kann. Da ist es auch nicht weiter verwunderlich, dass besonders die Gewaltbereitschaft in hohem Masse steigt. Es ist jedem möglich, endlich einmal all seine Wut herauszulassen, ohne Angst vor Vergeltung und ohne Gewissensbisse. «Ich habe diese Person nicht zusammengeschlagen, wir waren es». Schon wurde eine grosse Hemmschwelle entfernt, die Hemmschwelle, selbst für seine Taten verantwortlich zu sein. Man stelle sich nur eine randalierende Meute aus enttäuschten Fussballfans vor. Sie werfen Fenster ein, demolieren Autos oder richten sonst irgendwie Schaden an. Unter ihnen sind Personen aller Herkünfte, Berufe und mit ganz unterschiedlichen Grundwerten. Und doch fragt sich keiner von ihnen: «Warum tue ich das?» oder «Was habe ich getan?». Der Einzelne wird also in der Masse gewalt- und handlungsbereiter.

Mit diesen Ausführungen über die erhöhte Handlungsbereitschaft soll dieses Kapitel abgeschlossen werden. An diesem Punkt sind alle psychologischen Aspekte in Bezug auf das Verhalten des Einzelnen in der Gruppe geklärt. Es ist nun klar, warum Gruppen überhaupt entstehen und wie sie sich mit ihrer Psychologie auf ihre einzelnen Mitglieder auswirken. Jetzt kann in einem nächsten Schritt das Verhalten der Masse etwas genauer unter die Lupe genommen werden. Die Masse ist nämlich viel mehr als nur eine Summe ihrer Glieder und stellt weitere psychologische Besonderheiten dar, die für den propagandistischen Missbrauch geradezu wie geschaffen sind.

2.2 Die Psychologie der Masse

Menschen als Einzelnes und Massen, als Gruppe von Menschen, stellen auf psychologischer Ebene zwei komplett verschiedenen Grössen dar. Es gibt Gründe, warum Massenpaniken so schnell entstehen und warum Propaganda ein so grosses Interesse an der Masse hegt. Menschenmassen sind aus sehr vielen Gründen bedeutend einfacher steuerbar als einzelne Personen. Warum? Weil

Menschen sehr soziale Wesen sind und die Masse als lebensnotwendig empfinden. Ein weiterer Grund, warum die Masse für Propagandisten so attraktiv erscheint, ist die zusätzliche Effizienz, die sich mit ihr eröffnet. Hat man den grössten Teil der Masse überzeugt, so wird der Rest auch daran glauben. Es ist nicht länger nötig, jeden einzeln für sich zu gewinnen, sondern es wird einem viel Arbeit durch die Massenpsychologie abgenommen. Bevor ein guter Propagandist sich die Masse zunutze machen kann, muss er sie aber voll und ganz verstehen. Es ist schon sehr hilfreich, die Einflüsse der Masse auf den Einzelnen zu kennen. Aber nur wer auch die Masse als Ganzes begreift, kann sie wirklich auch nutzen.

Um die Masse wirklich zu verstehen, muss sie erst einmal näher charakterisiert werden. Eine Frage, die vermutlich schon aufgetaucht ist, ist, wie sich Gruppennormen überhaupt bilden. Sie müssen ja von irgendwo herkommen, oder? Diese Frage lässt sich sehr schnell bereinigen und ist auch in sehr vielen alltäglichen Massen wiedererkennbar. Die Normen und Ideen einer Gruppe entsprechen immer der Gruppenmehrheit oder, und hier wird es spannend, dem Gruppenstärksten. Dieser Gruppenstärkste ist in diesem Fall als der Gruppenführer anzusehen und es wird nie eine Gruppe ohne ihn oder sie geben. Je nach Gruppen wird der Führer seinen Einfluss stärker oder schwächer ausüben, doch wird es immer einen Führer geben. Dies scheint auf den ersten Blick fast unfassbar, doch es ist so. Warum braucht jede Masse einen Führer? Diese Frage kann damit beantwortet werden, dass die meisten Mitglieder einer Gruppe unfähig sind, eigene Entscheidungen zu treffen. Beziehungsweise wählen sie lieber den bequemen Weg und lassen sich durch die Entscheidung einer anderen Person leiten. Dieses Phänomen zeigt sich schon auf banalster Ebene, wenn man sich zum Beispiel im Restaurant vom Kellner einen guten Wein empfehlen lässt. Hierbei tritt man das Joch der schweren Entscheidung an jemanden ab, der wahrscheinlich in den meisten Fällen besser Bescheid weiss als man selbst. Es ist nicht weiter verwunderlich, dass ein Führer ähnliche Eigenschaften aufweisen muss wie in unserem Beispiel der Kellner, wobei es hier natürlich nicht um gute Weinkenntnisse geht. Aber es geht um eine gewisse Qualifikation, Entscheidungen für die Masse zu treffen, die besser ist, als die ihrer einzelnen Mitglieder. Es geht hier vor allem um die Eigenschaft, den Glauben an etwas in der Masse entfachen zu können und diesen auch zu nutzen zu wissen. Dazu braucht es zum einen eine starke Persönlichkeit, denn allem voraus muss der Führer entweder selbst voll und ganz hinter seinen Ideen stehen oder wenigstens den Anschein erwecken, dass er dies tut. Des Weiteren muss er auch davon überzeugt sein, dass diese auch das Beste für die Masse ist. Wer glaubt schon jemandem, der schon selbst an seinen Ideen zweifelt? Zum anderen muss ein Führer auch immer ein guter Redner sein, denn er muss seine Ideen auch der Masse vermitteln können. Die besten Ideen scheitern kläglich, wenn sie nicht verstanden werden. Wenn man um diese Aspekte weiss, ist es nicht länger verwunderlich, warum der Führerkult rund um Adolf Hitler einen so grossen Erfolg hatte.

Aber auch für einen guten Führer wird es sehr schwierig, eine Meinung in der Masse zu verankern, da sie noch immer von den meisten Gruppenmitgliedern akzeptiert werden muss. Die Idee muss sich immer auch mit den Grundnormen, also den Werten der Gruppe verbinden. Das macht eine Aufnahme einer neuen Idee gerade so schwierig. Doch auch dieser Umstand ist ein zweischneidiges Schwert, denn hat es ein Führer oder eine andere Partei erst einmal geschafft, eine Idee in der Masse zu verankern, ist diese auch wieder sehr schwierig aufzulösen. Wie bereits angetönt, hat sich die Idee hiermit nicht nur mit den Grundnormen der Masse, sondern gleichzeitig mit den Grundnormen eines jeden Individuums verbunden. Dies führt dazu, dass die neue Idee auch in jedem Einzelnen verbleibt, wenn sie sich nicht mehr in der eigentlichen Massenumgebung befinden. Dieser Umstand ist also für Propagandisten sehr hilfreich. Dies führt dazu, dass die einzelnen Gruppenmitglieder diese Idee bis zu ihrem totalen Scheitern verteidigen. Die Idee kann sogar in das Weltbild eines jeden Gruppenmitgliedes übergehen. Und müsste sich das Gruppenmitglied eingestehen, dass die Idee fehlerhaft ist, so würde das gesamte Weltbild zusammenstürzen wie ein Kartenhaus. Mit diesen Hintergrundinformationen ist besser zu verstehen, warum Leute an Überzeugungen festhalten, auch wenn alles gegen diese spricht. Auch kann so nachvollzogen werden, warum es für viele Deutsche sogar etliche Jahre nach dem NS-Regime schwierig war, die Juden als normale Menschen anzusehen.

Neben diesen Faktoren trägt unter anderem auch der Gruppendruck zur Gleichschaltung aller Gruppenmitglieder bei. Das heisst, dass viele der Mitglieder sich weniger aus Zustimmung als vielmehr aus dem Gruppendruck heraus genau gleich wie der Rest der Gruppe verhalten. Auch hier spielt der Gedanke der Gefährdung der Gruppenzugehörigkeit eine wichtige Rolle. «Was, wenn ich nicht mitmache? Werde ich dann ausgeschlossen?». Auch aus dem Gruppendruck kann ein Propagandist grossen Nutzen ziehen. Es reicht, eine kleine Mehrheit der Gruppe zu einer Aktion zu bewegen. Schon wird der Rest der Masse nachziehen. Und es geht sogar noch einfacher: Ein Propagandist muss die Masse nur davon überzeugen, dass der Grossteil der Gruppe eine Aktion ausführen will und schon werden sie alle vollziehen. Es wird also immer klarer, dass die Masse aufs Ganze geht. Also entweder alle oder keiner.

Die wohl herausragendste Besonderheit der Masse ist, dass sie eigenen Gefühle ausbilden kann. Natürlich sind es die Gefühle der einzelnen Mitglieder. Diese springen jedoch wie ein Lauffeuer von Person zu Person über und verbreiten sich so weit, dass das Gefühl eines Einzelnen zum Gefühl von Allen wird. Natürlich dürfen diese Gefühle nicht zu komplex sein, denn nur einfache Gefühle verbreiten sich gut. Somit sind die Gefühle der Masse auch sehr einfach, wobei der Hass, die Angst und die Wut wohl die verbreitetsten unter ihnen sind. Des Weiteren sind die Gefühle der Masse auch sehr übertrieben. Aus einem kleinen Unbehagen kann eine Massenpanik entstehen. Bei jeder Übertragung von einem Menschen zum anderen nimmt das Gefühl an Fahrt auf und schaukelt sich so immer weiter hoch. Dieses impulsive und ohne Führer funktionierendes Massenphänomen fasst Gustave Le Bohn in seiner *Ansteckungstheorie* zusammen. Diese besagt, dass unter gewissen Umständen alle normal geltenden massenpsychologischen Grundsätze ausser Kraft treten. So kann zum Beispiel jeder von der Stimmung einer Masse angesteckt werden, unabhängig von seiner Intelligenz, seiner psychischen Stabilität oder seinen etwaigen Dispositionen.

Hierfür gibt es so viele alltägliche Beispiele. So ist die Stimmung an einem Konzert einfach unbeschreiblich. Jeder fühlt dasselbe und das Ganze, obwohl das Publikum aus total verschiedenen Menschen besteht. Ein weiteres Beispiel erlangt gerade zu diesem Zeitpunkt wieder erschreckenden Prominenz: die Massenpanik. Die Coronavirus-Pandemie stürzt die Welt ins Chaos. Jeder lässt sich anfangs von der Panik mitreissen. Supermärkte sind knapp an Klopapier und Konserven. Desinfektionsmittel und Masken sind ganz ausverkauft. Spitäler müssen Türsteher einstellen, damit ihnen niemand das Desinfektionsmittel klaut und so weiter. Wozu das alles? Die Antwort: Niemand weiss es so genau. Keiner fragt sich: «Brauch ich wirklich 100 Rollen Klopapier oder 20 Dosen Thunfisch?». Man kauft einfach, weil allgemeine Panik herrscht und weil es ja jeder tut. Man könnte sich selbst ja benachteiligen, wenn man nicht auch mitmacht. Man lässt sich von den Gefühlen der Masse übermannen und wird zur emotionsgesteuerten Marionette. Und jeder lässt sich mitreissen, denn das rationale Denken wird ausgesetzt. Natürlich besteht eine Chance, dass die Versorgungsnetzwerke zusammenbrechen, doch sie ist schwindend klein. Auch hier ist die enorme Panik eher unbegründet, doch ist sie ganz natürlich. Jeder, der die Gefühle der Masse versteht, darf eigentlich keinem «Hamsterkäufer» sein Verhalten vorwerfen. Wer lässt sich nicht mitreissen, wenn es um die eigene Haut geht? Ich hoffe, dass dieser kleine Abschnitt neben seiner Beispielfunktion auch dazu beitragen kann, die doch sehr aktuelle Situation etwas besser zu verstehen.

Was hilft das Wissen um diese Massenphänomene einem guten Propagandisten? Diese Phänomene sind doch ungesteuerter Natur, oder? Natürlich sind sie das, aber das heisst noch lange nicht, dass diese nicht auch durch einen Führer ausgelöst werden können. So kann ein Propagandist oder ein guter Demagoge ohne weiteres der Masse zum Beispiel einen zentralen Hass gegenüber einer bestimmten Bevölkerungsgruppe einflössen. Der Rest geschieht wie von selbst. Eigentum der verhassten Gruppe wird zerstört, Mitglieder der Gruppe zusammengeschlagen und vieles mehr. Genau aus diesem Grund ist die gute Kenntnis der Masse und ihrer Funktionsweise so wichtig für einen guten Propagandaproduzenten.

Als Letztes richtet dieses Kapitel das Augenmerk noch auf ein anderes, höchst erstaunliches Massenphänomen: Es geht hierbei um die sogenannte Kollektivhalluzination. Dieses Phänomen beschreibt den erstaunlichen Umstand, dass sich Leute immer der Gruppenmeinung anschliessen. Dies stammt auch wieder aus dem Bedürfnis nach Gruppenzugehörigkeit. Es ist hierbei ganz egal, wie kontrovers die Gruppenmeinung gegenüber der eigenen ist, früher oder später wird man sich auf die Seite der Gruppe schlagen. Jeder Mensch strebt schlussendlich nach Anerkennung. Wer hat sich noch nie bei dem Versuch ertappt, eine stark kontroverse Meinung in einem Gespräch in einer milderen Form auszudrücken, um seine Beziehung zu seinem Gesprächspartner nicht zu gefährden? Dasselbe passiert bei Gruppen: Vertreten alle anderen Gruppenmitglieder eine andere Meinung als die eigene, wird auch die stärkste Meinung nach und nach zerbröckeln und man wird sich in die Gruppe einfügen. Alles aus dem Wunsch nach sozialer Sicherheit. Dieses Phänomen zeigt sehr gut, warum Gruppen so durchgängig gleich sind. Deswegen sollten Gruppenmeinungen immer sehr skeptisch betrachtet werden. Die Falschmeinungen können wie ein Dominospiel funktionieren.

Identifiziert eine Person eine Leiche, zum Beispiel als seinen lang verschollenen Bruder, so kann etwas Erstaunliches passieren. Andere Personen, die den Toten auch gekannt haben und zuerst unschlüssig schienen, beginnen tatsächlich Merkmale zu sehen, die den Toten zu der Person macht, für die sie gehalten werden soll. Dies reicht so weit, bis der ganze Zeugenkreis die Leiche zweifelsfrei als den verschollenen Bruder Identifiziert[7]. Doch diese Merkmale sind gar nicht vorhanden, denn derselbe Bruder führt ein glückliches neues Leben in Südamerika. Die Täuschung ist komplett. Faszinierend, oder? Und trotzdem gilt die Zustimmung vieler bis heute als Glaubwürdigkeitsbeweis. Dieses Beispiel zeigt noch einmal sehr gut, wie stark

---

[7] (Le Bon, 1973, S. 24 ff)

die Meinung der Masse vereinheitlicht werden kann und wie wenig diese von ihrer Richtigkeit abhängt.

Nach diesem Kapitel sind alle psychologischen Aspekte der Masse und des Individuums in Gruppen geklärt. Damit ist das Fundament gelegt, um auf die psychologischen Funktionsweisen der Propaganda überzugehen. Zunächst müssen im nächsten Kapitel aber noch die Voraussetzungen betrachtet werden, die gegeben sein müssen, damit die Manipulation überhaupt richtig funktionieren kann. Denn Propaganda funktioniert nur unter bestimmten Umständen. Es ist kein Zufall, dass die Propaganda in gewissen Fällen nur gut und in anderen perfekt funktionierte. Dies lag oft weniger an der schlechten Strategie, als vielmehr an den gegebenen oder nicht gegebenen Umständen.

3 Der Nährboden der Manipulation:
Welche Voraussetzungen müssen gegeben sein, damit Propaganda überhaupt funktioniert?

Propaganda ist zwar die Kunst der Kontrolle, trotzdem ist auch sie von sehr vielen unkontrollierbaren äusseren Faktoren abhängig. Es gibt natürlich gut umgesetzte und weniger gut umgesetzte Propaganda. Doch wird schlechter betriebene Propaganda unter perfekten Umständen immer noch besser funktionieren als perfekt umgesetzte Propaganda unter schlechten Umständen. Schlussendlich ist natürlich jede Propagandasituation ein individuelles Wechselspiel zwischen Umsetzungen und Voraussetzungen. Doch gibt es einige sehr förderliche Umstände, die sich sehr gut generalisieren lassen. Warum hat Propaganda zum Beispiel im Deutschen Reich so gut funktioniert? Waren es doch die äusseren Umstände, die den Nationalsozialisten perfekt in die Hände spielten. Doch gibt es auch innerer Umstände, die genauso wichtig sind. Warum sind beispielsweise einige Leute anfälliger auf Propaganda als andere? Nur wenn diese Fragen beantwortet wurden, können die grundlegenden Ressourcen der Propaganda ersichtlich werden. Dies stellt den letzten der Grundpfeiler dar, auf denen die Funktion der Propaganda ruht und aufbaut. Dieses Kapitel soll zu grossen Teilen zum besseren Verständnis verschiedener Propagandasituationen beitragen und helfen, besser hinter das Erfolgsrezept der Propaganda schauen zu können. Denn ein guter Propagandist geht immer auf die gegebenen Faktoren ein, wie gering sie auch sein mögen. Wenn diese Ansatzpunkte durchschaut werden können, ist man der Entlarvung der gesamten Propaganda schon einige Schritte nähergekommen.

3.1 Innere Umstände

Als erstes soll von der Masse Abstand genommen werden, um das Augenmerk zurück auf den Einzelnen zu lenken. Hier gibt es wieder grosse Unterschiede zwischen den einzelnen Individuen. Jede Person nimmt Propaganda schliesslich anders auf und wird auch verschieden von ihr betroffen. Es sind aber auch einige Parallelen zu der Psychologie des Einzelnen in Bezug auf die Masse erkennbar. Was daher stammt, dass Propagandisten diese Psychologie ausspielen. In diesem Kapitel soll es primär um die Frage gehen: Was macht eine Person anfälliger und eine andere weniger anfällig gegenüber Propaganda?

Es ist wohl am zweckmässigsten, mit den Eigenschaften zu beginnen, welche direkt mit der Gruppenzugehörigkeit eines Menschen spielen. Propaganda spielt nämlich stark mit dem Bedürfnis des dazugehören zu wollen. Hierbei findet der bereits erwähnte Grundsatz, dass ein psychisch labiler Mensch den grösseren Wunsch nach Gruppenzugehörigkeit hegt, erneut ihren Ansatz. Denn je höher dieser Wunsch ist, desto eher wird diese Person auch jede erdenkliche Chance ergreifen, um diesen zu befriedigen. Es ist ganz klar, dass eine Möglichkeit diesem Bedürfnis nachzukommen, Propaganda ist, die genau an diesem

Punkt ansetzt. Eine Studie[8], die das Mass der Beeinflussbarkeit untersuchte, deckt sich ebenfalls mit dieser Aussage. Sie besagt, dass Personen mit geringem Selbstvertrauen sehr viel anfälliger auf Propaganda sind. Dies stammt zu einem grossen Teil auch aus dem starken Bedürfnis nach Gruppenzugehörigkeit. Dieselbe Studie kam ausserdem zu dem Ergebnis, dass psychische Dispositionen wie Aggressionen oder Depressionen Leute ebenfalls anfälliger auf Propaganda machen. Der Grundsatz der Labilität lässt sich also auch ohne Weiteres auf die Propagandaanfälligkeit übertragen. Es gilt also auch hier der Ansatz, dass mit der psychischen Labilität auch die Propagandaanfälligkeit ansteigt. Es gibt nur eine Ausnahme: Weisen Personen eine Neurose auf, steigert dies laut derselben Studie sogar ihre Resistenz gegenüber Beeinflussungen.

Ein Aspekt, der als Einziger begrenz beeinflussbar ist, ist der Bildungstand einer Person. Je gebildeter eine Person, desto grösser ist ihre kritische Denkfähigkeit, was den Tod jeder Propaganda bedeutet. Setzt das kritische Denken ein, kann die Propaganda der Person kein Denkmuster mehr vorgeben und verliert somit die Kontrolle über sie. Mit anderen Worten: Bildung ist der Propaganda grösster Feind. Oder andersherum: Damit Propaganda funktioniert, darf der Bildungstand der breiten Masse nicht zu hoch sein. Das ist mitunter ein Grund, warum heutzutage in Ländern wie der Schweiz oder andern Industrieländern Propaganda nur sehr begrenzt möglich ist. Dies kommt daher, dass der oft hohe Bildungsstand in diesen Ländern die Effektivität stark hemmt. Ein Umstand, der auch in diesem Bereich

---

[8] (Hovland, Janis, & Kelly, 1953)

spielt, ist, dass die zu beeinflussenden Personen natürlich auch nur über geringes politisches Wissen verfügen dürfen. Gerade das ist im Bereich der Propaganda essenziell, da sie ja sehr oft mit politischer Zielsetzung agiert.

Zusammenfassend kann also das Fazit gezogen werden, dass die Anfälligkeit einer einzelnen Person gegenüber Propaganda sehr stark mit ihrer psychischen Stabilität und ihrem Bildungstand zusammenhängt. Diese Charakteristika lassen sich auch sehr leicht auf die breite Masse übertragen. Will Propaganda erfolgreich sein, hilft es also, dass möglichst viele Personen der Masse eine Eigenschaft aufweisen, die sie besonders angreifbar für Propaganda macht.

Dies waren aber nur die Voraussetzungen, die die Propagandakonsumenten erfüllen mussten, damit die Propaganda überhaupt erst Fuss fassen kann. Doch ist dieser Teil nur ein kleiner Bruchteil des ganzen Nährbodens, der das gute Funktionieren der Propaganda überhaupt garantieren kann. Den viel grössere Teil stellen die sogenannten äusseren Umstände dar, die die Propaganda mit Ressourcen versorgen und ohne die der Propaganda ziemlich schnell die Themen ausgehen würden. Diese Aspekte sind der wahre Treibstoff der Propaganda, denn genau wie ein gutes Auto ohne Benzin wird auch die Propaganda nicht funktionieren, wenn nicht wenigstens einige dieser Umstände gegeben sind. So war zum Beispiel die Machtübernahme der Nationalsozialisten zu grossen Teilen auch ein perfekter Cocktail verschiedener äusserer Faktoren, als ausschliesslich eins propagandistischen Meisterwerks.

3.2 Äussere Umstände

Es gibt Zustände, die der Propaganda in die Hände spielen und andere, die sie praktisch unmöglich machen. Ohne gewisse Umstände funktioniert Propaganda einfach nicht. Was würde beispielsweise ohne die Masse passieren? Welche anderen Umstände hemmen die Propaganda? All diese Faktoren fallen nicht einfach vom Himmel. Nein, sie sind ganz einfach gegeben oder nicht gegeben. Einige können von den Propagandisten begrenzt beeinflusst, wieder andere nur herbeigesehnt werden. Doch was sind nun die Faktoren, auf denen die Propaganda wachsen und gedeihen kann? Warum ist gerade der richtige Zeitpunkt für gute Propaganda so ausschlaggebend? Die Antwort erscheint erst unverständlich, weil es zu gewissen Zeiten einfach ein grösseres Bedürfnis nach Propaganda gibt. Wie? Wer sehnt sich danach, manipuliert zu werden? Natürlich tut dies niemand, doch gibt es Zeiten, in denen man sich nach einer drastischen Veränderung sehnt, wie diese auch immer herbeigeführt wird.

Der wohl beste Dünger für den Gedeih von Wahlpropaganda oder Wahlwerbung stellen Missstände dar. Je länger diese anhalten, je grösser sie sind und je mehr erfolglose Versuche es schon zu ihrer Auflösung gegeben hat, desto grösser ist die Anfälligkeit von Leuten auf Propaganda. Die Verzweiflung steigt immer mehr und der Bedarf nach einem «Messias», der diese auflöst wird immer stärker. Nach einem Führer oder einer Partei, die endlich hält, was sie verspricht und das Volk endlich aus ihrer Misere führt. Im Interview erklärt Dr. Cortés: «Je mehr Leute an etwas glauben müssen, desto mehr werden sie auch daran glauben. Dieses Verhalten bezeichnet man in der Psychologie als Idealisierung». Dr. Cortés bezieht sich hier auf das verhältnismässig aktuelle Beispiel von Pablo Escobar. Er war ein skrupelloser Drogenbaron, doch half er den Leuten auch, sich endlich aus ihren Missständen zu befreien. Er baute Strassen, er sorgte für Arbeit und verbesserte die medizinische Versorgung. In diesem Fall war das Bedürfnisse nach besseren Lebensbedingungen so gross, dass selbst ein brutaler Mann wie Escobar als Messias akzeptiert wurde. Das Ganze lässt sich natürlich sehr leicht auf Propaganda übertragen. Je mehr Missstände herrschen, desto mehr Anhaltspunkte hat die Propaganda. Sie kann einfach versprechen, diese Missstände auszulöschen. Die Masse wird diesen Versprechungen vorerst Glauben schenken, nicht weil sie es will, sondern weil sie es muss. Denn diese Versprechungen sind zu diesem Zeitpunkt das einzige, was der Masse Halt geben kann. Natürlich müssen den Behauptungen auch Taten folgen, denn nur dann wird die Propaganda auch weiterhin als glaubwürdig erachtet. Grunder bemerkt zudem, dass die Partei oder die Person, die verspricht die Missstände aufzulösen, auch den Eindruck erwecken muss, dass sie fähig ist, dies wirklich zu tun. Das heisst, sie muss eine gewisse Stärke und Glaubwürdigkeit ausstrahlen.

Das ist der grössere Vorteil der Missstände. Aber sie haben auch noch einen anderen, für Propagandisten sehr angenehmen Nebeneffekt. Ein Nebeneffekt, der bis heute beobachtet werden kann. Wenn grosse, meist unter anderem durch die Regierung hervorgerufenen Missstände vorherrschen, wird automatisch eine natürliche Masse entstehen. Wie das funktioniert? Der Grundgedanke ist eigentlich ganz einfach: «Allen geht es gleich schlecht, also leiden wir wenigstens zusammen». Missstände versetzen die breite Masse eines Volkes fast augenblicklich in einen nahezu identischen Zustand: Alle kämpfen mit denselben Problemen. Schon kann sich jeder mehr oder wenig mit seinen Mitmenschen identifizieren und es entsteht meistens eine sehr starke Solidarität. Man hilft einander, denn der Staat tut es ja nicht. Ein Zustand, den ich persönlich schon etliche Male erfahren habe. Warum? Mein Vater stammt aus Polen, und ich habe selten bei einer Nation so viel Solidarität und Hilfsbereitschaft untereinander erfahren, wie es bei den Polen der Fall ist. Es wird einander geholfen, dabei ist es nebensächlich, ob man sich kennt oder nicht. Man muss nur polnisch sein. Woher kommt das? Es kommt aus den Leidenszeiten des Kommunismus und der Kriegszeit. Man musste sich untereiner helfen, der Staat tat es ja nicht. Genau dieser nationalistische Zusammenhalt hält sich bis heute. Ein Zusammenhalt der in einem Land wie der Schweiz nur begrenzt spürbar ist. Aus dem einfachen Grund, dass die Schweizer ja nie wirklich zusammenhalten mussten. Der Staat war fast immer gesund und alles lief rund. Und auch wenn man den Blick etwas über andere Länder schweifen lässt, wird man schnell feststellen, dass der Zusammenhalt untereinander fast ausschliesslich durch jetzige oder aus kürzliche Missständen entstanden ist. Natürlich ist genau diese Masse für Propaganda wie geschaffen, denn man kann mit einfachem Thema direkt das ganze Volk ansprechen. Missstände sind also für eine gut funktionierende Propaganda ausschlaggebend.

Bis jetzt wurde der Blick in diesem Kapitel nur auf unveränderbare Grössen gerichtet, entweder sind die Missstände da oder nicht. Es gibt aber durchaus andere Umstände, die vom Propagandisten willentlich mitgestaltet werden können. So zum Beispiel die Präsenz der Propaganda. Propaganda funktioniert nämlich nur, wenn sie auch aufgenommen bzw. verinnerlicht wird. Dafür muss sie so präsent sein wie möglich. Das heisst, sie muss in allen Aspekten des öffentlichen Lebens auftauchen. Deshalb gilt der Grundsatz: Je mehr Propaganda in verschiedenen Sektoren betrieben wird, desto grösser ist die Wahrscheinlichkeit, dass diese wahrgenommen wird. Damit steigt natürlich auch die Chance, dass sie erfolgreich ist.

Ein letzter Aspekt der auch noch einen nennenswerten Einfluss auf den Sieg oder die Niederlage der Propaganda hat, ist die Menge der kontroversen Informationen, die im Umlauf sind. Das heisst: Die Menge an Informationen, die die Aussage der Propaganda widerlegen. Es ist klar, dass wenn man die Propaganda aufnimmt und sogleich einen Gegenbeweis sieht, diese nicht allzu erfolgreich sein kann. Dieser Aspekt lässt sich im Fall, dass wir uns in einem freien Staat befinden, für den Propagandisten nur begrenzt beeinflussen. Anders verhält es sich natürlich in totalen Staatsformen, wo die Menge an kontroverser Information fast ganz ausgemerzt werden kann. Es ist also ein ausschlaggebender Faktor für die Betrachtung der Umstände, ob es sich um eine Diktatur oder eine freie Staatsform handelt.

Damit wurden alle inneren und äusseren Umstände genannt, welche die Propaganda massgeblich beeinflussen. Nur wenn diese Umstände in irgendeiner Weise vorhanden sind, wird die Propaganda wirklich funktionieren. Das heisst nicht, dass sie ohne sie nicht funktioniert, doch ist es sehr viel schwerer. Es sollte jetzt auch klar sein, dass die meisten grossen Propagandisten nicht nur aufgrund ihrer Strategien, sondern auch aufgrund der perfekten Umstände so erfolgreich sein konnten. Aber selbst, wenn alle Faktoren stimmen, muss immer noch sehr subtil vorgegangen werden, denn nur dann wird der Erfolg vollkommen sein. Dafür muss ein guter Propagandist die Psychologie der Masse und die in diesem Kapitel genannten Umstände geschickt für seine Zwecke einsetzen. Des Weiteren muss er auch wissen, welche konkreten Mittel er zu ihrer Ausbreitung einsetzt und wie er die jeweilige Botschaft unter die Leute bringt. Gute Propaganda zu betreiben, ist immer eine Gratwanderung, der Propagandist betritt ein Minenfeld, in welchem ihn jeder Fehltritt seinen Kopf kosten kann. Nur wenn ein Propagandist seine Strategie mit dem Wissen aus Kapitel 2 und 3 vereint, wird er diesen Gang durch das Minenfeld grösstenteils unbeschadet überstehen.

4 Das Handbuch der Beeinflussung:
Die Mittel und Methodik zur Propaganda

Nachdem in den vorherigen Kapiteln die Grundlagen für die allgemeine Funktionsweise der Propaganda erarbeitet wurden, ist das Fundament geschaffen, um zum eigentlichen Kern dieses Buches vorzustossen: der Funktionsweise der Propaganda. Wie setzt man das Wissen um die Masse und um die inneren und äusseren Umstände in eine Propagandastrategie um? An welchen Punkten muss man ansetzen? Dies sind Fragen, die sich jeder Propagandist stellt, bevor er mit der Umsetzung seiner Propaganda beginnt. Auf diese Fragen gibt es zwar keine eindeutigen Antworten, doch können einige Modelle als theoretisches Handbuch dienen. Des Weiteren gibt es klare methodische und psychologische Grundsätze, die beachtet werden müssen. Ist die Propagandastrategie erst einmal klar, so stellt sich automatisch die Frage: Wie setze ich meine Strategie wirklich um? Welche Mittel wende ich an? Was sind deren jeweiligen Vorteile? Was deren Nachteile? Auch diese Fragen müssen geklärt werden, um wirklich gut funktionierende Propaganda betreiben zu können. Dicscs Kapitel soll all diese Fragen klären und vor allem als Handbuch der Propagandaabwehr dienen. Es soll helfen, einen Blick in den Kopf eines Propagandisten zu werfen und zu sehen, welche Fragen er sich stellt, welche Überlegungen er tätigt und warum er schlussendlich tut was er tut. Nach diesem Kapitel sollte es kein Problem mehr darstellen, Propagandaversuche nicht nur zu erkennen, sondern sie auch wirklich zu verstehen. Bis jetzt war es nämlich nur begrenzt möglich, die wahre Absicht hinter der Propaganda zu erkennen. Nur wer ihr ganzes Wesen versteht, kann dieses auch für seine Zwecke einsetzten. Wenn man die wahre Absicht erkennt, kann man die Manipulation zu einer eigenen Waffe formen und sie gegen ihren Produzenten einsetzen. Aber auch wenn Propaganda ein subtiles Mittel zur Beeinflussung ist, so hat sie doch eine grosse Schwachstelle: Auf die eine oder andere Weise lässt sie immer auf die wahren Ziele ihres Produzenten rückschliessen.

4.1 Angewandte Methodik und Wirkungsweise

Bevor man sich mit den Verbreitungsmitteln auseinandersetzen kann, muss zuerst überhaupt eine Botschaft festgelegt werden. Natürlich ist diese Botschaft sehr abhängig von der jeweiligen Zielsetzung. Doch gelten für jede Botschaft die gleichen Grundsätze, die schlussendlich zu einer erfolgreichen Propaganda führen. Diese leiten sich aus einer Vielzahl psychologischer Modelle, aus allgemeinen, methodischen Grundsätzen sowie aus zwei sehr wichtigen Propagandawirkungsmodellen ab. Als potentieller Propagandakonsument erarbeitet man sich einen grossen Vorteil, wenn man alle Prinzipien kennt. So ist es nämlich möglich, den Grossteil der Manipulationsversuche ganz klar als solche zu erkennen und sich dagegen zu schützen

4.1.1 Methodik der Meinungsänderung

Als grundlegender und wichtigster Aspekt für eine gute Propagandastrategie gelten die verschiedenen Modelle zur Beeinflussung einer Masse oder eines Einzelnen. Nur wer die Manipulation als solche voll und ganz versteht, wird auch gute Propaganda betreiben können. Alle anderen Grundsätze und auch die beiden Propagandamodelle, die später noch wichtig werden, bauen schlussendlich auf diesen verschiedenen Wirkungsmodellen der Beeinflussung auf. Auch diese Modelle sind zu grossen Teilen psychologischer Natur und rücken speziell die Masse in den Fokus. Gerade deswegen ist es wichtig, die Massenpsychologie in einem ersten Schritt zu verstehen, bevor man diese gezielt auszuloten beginnt.

Modell der Meinungsänderung nach Gustave Le Bon[9]

Zuerst wird das Augenmerk auf das Modell der Beeinflussung von Gustave Le Bon gerichtet. Sein Modell zielt primär auf die Meinungsänderung von Massen ab und ist somit der Propaganda eigentlich am nächsten. Das Modell richtet sich nach vier Grundsätzen. Zwei von ihnen sind blosse Wiederholungen, die anderen dafür umso interessanter. Bei den ersten zwei Grundsätzen handelt sich einerseits um den Aspekt der ständigen Wiederholung der neuen Meinung und andererseits um den Aspekt der Übertragung einer Meinung auf eine Gruppe. Was sind aber die anderen zwei Aspekte? Der dritte Aspekt erscheint auf den ersten Blick sehr absonderlich. Le Bon behauptet nämlich, dass, je freier eine Behauptung von einer vernünftigen Erklärung sei, diese desto eher geglaubt werde.[10] Je weniger also eine Behauptung durch rationale Argumente gestützt wird, desto glaubwürdiger erscheint sie. Das macht doch

---

[9] (Le Bon, 1973)
[10] (Le Bon, 1973, S. 88)

keinen Sinn. Warum sollte jemand etwas glauben, wenn es keine gute Begründung für diese Behauptung gibt? Diese Theorie bedarf für ihre Erklärung ein gutes Beispiel. Der Grundgedanke ist hierbei, dass etwas Irrationales immer eine gewisse Ehrfurcht bei den Menschen hervorruft. Ist diese erst einmal erzeugt, wird die Meinung auch eher angenommen bzw. geglaubt. Ein gutes Beispiel ist der Glaube, also die Religion einer Person. Es gibt keine Beweise für die Existenz eines Gottes oder anderer übernatürlichen Phänomene. Trotzdem wird bereitwillig an die jeweilige Religion geglaubt. Aber bei der Religion geht es ja gerade darum, an etwas zu glauben. Das kann doch nicht auf alltäglicher Ebene funktionieren. Hier braucht es doch für alle Behauptungen einen Beweis, oder nicht? Nein, auch hier ist das pure Gegenteil der Fall: Wiederum eignet sich das Beispiel der Anti-Aging-Creme perfekt für die Erklärung dieses Phänomens. Wird diese eher gekauft, wenn sie verspricht, den Alterungsprozess aufzuhalten, oder wenn sie verspricht, die Haut mit der nötigen Feuchtigkeit zu versorgen? Unerklärlicherweise werden die Leute viel lieber eine Creme kaufen, die ihnen das Wunder der `ewigen Jugend` verspricht als eine, die ihnen nur die Wahrheit erzählt. Das Gleiche passiert auch auf der Ebene der Masse. Auch hier entfaltet der Mechanismus seine Wirkung. Der letzte Aspekt des Modelles von Le Bon nimmt den von ihm als *Nimbus* bezeichnete Aspekt ein. Der *Nimbus* beschreibt konkret die Ausstrahlung, beziehungsweise die Aura, die eine gewisse Person umgibt. In unserem Fall ist diese Person diejenige, die eine Meinungsänderung in der Masse anstrebt. Je höher dieser *Nimbus* ist, desto grösser ist die Chance, dass dieser Person geglaubt wird. Der

Nimbus kann also auch ohne Weiteres mit der Glaubwürdigkeit einer Person gleichgesetzt werden. Nur wenn diese hoch ist, wird die Meinungsänderung auch erfolgreich sein. Diese vier Grundsätze decken schon einen sehr grossen Teil der Grundlagen der Propagandamethodik ab. Aber der Aspekt der Glaubwürdigkeit ist damit längst nicht abgeschlossen.

Das Hovlandsche Modell der Meinungsänderung[11]

Die Glaubwürdigkeit spielt auch in dem durch den amerikanischen Psychologen Carl I. Hovland und dessen Kollegen erarbeiteten Modellen der Beeinflussung eine wichtige Rolle. So hängt das Mass der Meinungsänderung primär von der Glaubwürdigkeit der Quelle ab. Dieses Modell geht davon aus, dass die Meinungsänderung unmittelbarer eintritt, wenn die Glaubwürdigkeit der Informationsquelle hoch ist. Gleichzeitig werden Schlussfolgerungen von einer authentischen Quelle viel eher akzeptiert. Hier geht es nicht primär um die Authentizität der Informationen, sondern viel mehr um die Glaubwürdigkeit der Quelle. Anders gesagt; wenn die Informationsquelle seriös ist, wird man ihr auch unglaubwürdige Informationen abnehmen. Aber das ist primär nichts Neues, sondern macht einfach nur Sinn. Dieses Modell hilft auch, das Beispiel der Zahnartikelwerbung besser zu verstehen. Hier wird mit einem vermeintlichen Zahnmediziner gearbeitet, um eine höhere Glaubwürdigkeit der Quelle zu suggerieren. Das gleiche ist auch beim Beispiel Roger Federer und dem Influencer-Marketing der Fall. Propagandaproduzenten

---

[11] (Hovland, Janis, & Kelly, 1953)

versuchen immer, ihre Glaubwürdigkeit mit allen Mitteln zu steigern. Aber kann es überhaupt zu einer Meinungsänderung kommen, wenn eine Quelle unglaubwürdig erscheint? Ja, das kann es. Diese zeitversetzte Meinungsänderung betitelt Hovland als den *Schläfer-Effekt*. Warum sollte aber die Meinung verändert werden, wenn sie von einer dubiosen oder unglaubwürdigen Quelle stammt? Durch die Kraft des Vergessens. Die Informationsquelle wird vergessen, nicht aber die Information. Mit der Erinnerung an die Quelle verschwinden auch ihre negativen Nebeneffekte. Ein Umstand, von dem vor allem die Propaganda ungemein profitiert. Gerade Propaganda ist nämlich oft in so vielen Formaten präsent, dass die Quelle immer mehr in den Hintergrund rückt und die Information oft deren Platz einnimmt. Doch das ist längst nicht alles, was das Modell nach Hovland und seinen Kollegen der Yale University aufgreift. Ein weiterer Mechanismus, der eine sehr grosse Wirksamkeit aufweist, ist derjenige der emotionalen Entlastung. Was haben Meinungsänderungen mit einer Entlastung von Emotionen zu tun? Auch dieses Prinzip spielt stark mit der Psyche der Menschen, denn es besagt, dass eine Meinung eher geändert wird, wenn sie mit einer vollständig emotionalen Entlastung einhergeht. Als wirkungsvollste Emotion für diese Methodik stuft Hovland hier die Angst ein. Es ist natürlich klar, dass kein Mensch gerne unter emotionalen Druck steht und diesen demzufolge gerne loswerden möchte. Aber wie können Propagandisten diesen Umstand gegen einen einsetzen? Für das bessere Verständnis der Anwendung dieser Methode reicht es, die Brexit Kampagne etwas genauer unter die Lupe zu nehmen. Diese setzte unter anderem bewusst auf die Angst vor zu grosser Immigration. Mit dem plumpen und total unbegründeten Argument, der Austritt aus der EU würde die Immigrationszahlen senken, wurde für einen Austritt aus der europäischen Union geworben. Aber gerade, weil die Meinungsänderung der Bevölkerung in diesem Fall die Linderung von Ängsten versprach, war die Kampagne ein voller Erfolg. Es bleibt zu beachten, dass die Meinungsänderung die Belastung komplett entfernen muss, um wirklich in Betracht gezogen zu werden. Aus diesem Beispiel geht erneut hervor, wie manipulativ Propaganda oft ist. Sie appelliert gezielt an die Emotionen eines Menschen, um das rationale Denken gezielt zu umgehen. Doch diese Manipulation geht noch viel weiter. Eine weitere Studie der amerikanischen Psychologen setzt sich mit Effizienz von ein- und zweiseitiger Information bei einer vorgegebenen Schlussfolgerung auseinander. Das heisst konkret, dass der Propagandist dem Konsumenten eine Schlussfolgerung bereits vorgibt. Die Studie fand heraus, dass in diesem Fall eine zweiseitige Informationsversorgung, also wenn dem Konsument Argumente beider Seiten aufgezeigt wurden, sehr viel effizienter war als die einseitige Informationsversorgung. Der Grund, warum die zweiseitige besser funktionierte, ist erschreckend: Wird mit zweiseitiger Information gearbeitet, kommt sich der Konsument gar nicht beeinflusst vor, da ihm beide Seiten der Argumentation vorgelegt wurden. Das Opfer hat sich folglich eine 'eigene' Meinung gebildet. Aber das hat es natürlich nicht, sondern wurde geschickt an die gewünschte Meinung herangeführt. Die einseitige Informationserstattung wäre schneller als Manipulation entlarvt worden, die zweiseitige schlüpft durch das Abwehrnetz.

Ausserdem konnte herausgefunden werden, dass die Meinungsänderung bei einfachen Themen besser funktioniert, wenn man den Konsumenten nur die richtigen Argumente vorgibt und sie ihre Meinung vermeintlich selbst bilden lässt. «Selbst» ist hier natürlich nicht wirklich angebracht, denn durch die vorgefertigten Argumente ist nur eine Schlussfolgerung möglich. Manipulation reicht oft tief und ist fast unsichtbar.

Ein letzter sehr faszinierender Effekt ist derjenige der aktiven oder der passiven Beteiligung an der Propaganda. Dieser Aspekt ist vor allem für das bessere Verständnis der Propaganda der NSDAP wichtig. Hier tritt nämlich der Umstand auf, dass die Meinungsänderung sehr viel effektiver ist, wenn sich der Konsument aktiv an der Propaganda beteiligt. Wie soll sich ein Konsument denn freiwillig an der Propaganda beteiligen? Er kann zum Beispiel Phrasen laut aussprechen. Aber es geht nicht um die Beteiligung an sich, sondern vielmehr um das aktive Auseinandersetzen mit der Botschaft. Je mehr sich ein Konsument nämlich mit dem Propagandainhalt auseinandersetzen muss, desto stärker wird er diesen verinnerlichen. Obwohl die Nationalsozialisten diese Studien nicht gekannt haben, sie erschienen schliesslich erst etliche Jahre später, mussten sie diesen Zusammenhang bereits gespürt haben. All die rezitierten Lieder, Phrasen, Grüsse und Veranstaltungen führten immerhin zu einer sehr grossen Beteiligung der Propagandakonsumenten an der Propaganda selbst. So steckte hinter dem Ganzen schlussendlich viel mehr als der pure Wunsch nach nationalistischer Selbstdarstellung.

Die Lacanische Theorie des Mangels und ihre Wichtigkeit für die Meinungsänderung

Nachdem diese beiden Wirkungsmodelle der Meinungsänderung, beziehungsweise der Beeinflussung, aufgezeigt sind, ist ein grosser Teil der verschiedenen Wirkungsweisen von Propaganda abgedeckt. Das Ziel, die Propagandisten besser zu verstehen, ist somit ein ganzes Stück näher gerückt. Dr. Cortés wiess mich in meinem Interview auf einen weiteren Mechanismus hin. Sie bezieht sich auf den französischen Psychiater und Psychoanalytiker Jaques Lacan und mit ihm auf seine Theorie des *Mangels*. Aber um welchen Mangel geht es hier genau? Die Antwort; niemand weiss es so genau, denn Lacan beschreibt mit seiner Theorie das Gefühl, das jeder Mensch in sich trägt: Das Gefühl, das etwas fehlt. Ein Gefühl, das jedem Menschen bekannt ist. Egal, wie viel man erreicht, ja egal wie perfekt das Leben auch sein mag, das Gefühl es fehle immer noch etwas, wird immer bleiben. Aber was hat dieses Gefühl mit Propaganda zu tun? Dr. Cortès meint dazu, dass Propaganda sehr gut mit diesem Mangel spielen und dort ansetzen könne. Sie sagt, dass wenn die Propaganda verspreche, diesen Mangel beseitigen zu können, jeder Mensch ihr Glauben schenken und ihr folgen würde. Es wird immer klarer, dass Hitler mit seiner Aussage: «*Ein Agitator, der die Fähigkeit aufweist, eine Idee der breiten Masse zu vermitteln, muss immer Psychologe sein, sogar wenn er nur Demagoge wäre*»[12] den Nagel auf den Kopf getroffen

---

[12] (Hitler, Hitler, Mein Kampf: Eine Kritische Edition, 2016, S. 1473)

hat. Propaganda ist zu grossen Teilen die pure Auslotung psychologischer Umstände.

Reicht die Kenntnis dieser Grundsätze wirklich aus, um die Propaganda ganzheitlich zu verstehen? Das tun sie nicht ganz, sind diese Modelle doch nur die eigentlichen Rohstoffe der Propagandastrategie. Aus ihnen lassen sich Grundsätze ableiten, die sich ausschliesslich und alleine auf Propaganda beziehen. Aus ihnen lassen sich auch Propagandamodelle aufbauen, die ausschliesslich für die Propaganda gelten und nicht länger für die Beeinflussung im Allgemeinen. Weiss man um die Masse, die Umstände und die Modelle der Beeinflussung Bescheid, muss das Ganze noch so zusammengeflochten werden, damit daraus das Flechtwerk der Propagandastrategie entsteht. Das Ganze muss zu einem gezielten Mittel der Massenbeeinflussung geformt werden. Aus Theorie muss praktische Anwendung generiert werden, aus allgemeinen Modellen endlich ein gültiges Propagandamodell gefunden werden. Erst dann ist das Ziel, die Methodik der Propaganda in ihrer Ganzheit zu verstehen, wirklich erreicht.

4.1.2 Propagandawirkungsmodelle

Wenn es zum Thema der Propaganda-Wirkungsmodellen kommt, so muss man wissen das es davon zwei gibt. Es stellt sich weniger die Frage, welches der beiden eher der Wahrheit entspricht, sondern vielmehr, welches in welcher Situation eher geltend gemacht werden soll. Diese beiden Modelle lassen sich sehr gut mit den beiden Definitionsansätzen der Propaganda vergleichen. Das eine Modell entspricht eher der engeren, das anderer eher der weiteren Definition. Aber warum sind diese Wirkungsmodelle so wichtig? Gibt es einen so grossen Unterschied zwischen blosser Beeinflussung und Propaganda? Ja, den gibt es. Propaganda ist viel ausgeklügelter und komplizierter als die blosse Beeinflussung. Sie ist ein System, das stetig aufrechterhalten werden muss und das keine Fehler verzeiht. Genau aus diesem Grund braucht es auch spezifische Propagandamodelle. Aber wie unterscheiden sich die beiden Modelle und können sie wirklich koexistieren?

Das Propagandamodell nach Jaques Ellul[13]

Das erste Propagandamodell wurde durch den französischen Soziologen Jaques Ellul verfasst. Dieses Modell deckt sich zu grossen Teilen mit der engeren Definition der Propaganda und entfaltet seine Gültigkeit vor allem in totalitären Systemen und Staaten. Es lässt sich einerseits auf Leute anwenden, die schon von jungem Alter an einer Propaganda ausgesetzt wurden und somit ein bestimmtes Weltbild und dessen Grundwerte schon früh adaptiert haben. Anderseits findet es auch bei Leuten Anwendung, die sich schon zu lange in propagandistischen Systemen befinden und die Propagandabotschaften zu sehr verinnerlicht haben. Dieses Modell besitzt aber nur begrenzte Gültigkeit in offenen Systemen oder zum Beginn einer jeder Propagandaaktivität, da es in diesem Fall grosse Lücken enthält. Aber was besagt dieses Modell? Elull definiert die Propaganda als Instrument, welches den Konsumenten wichtige Entscheidungen abnimmt. Dieser Konsument lässt sich nur aus diesem Grund überhaupt erst auf die Pro-

---

[13] (Liebeswahr, 2009)

paganda ein. Des Weiteren verstärkt die Propaganda vorhandenen Triebe und zieht den Konsumenten immer mehr in ihren Bann. Nach Ellul ist es dem Konsumenten also nicht möglich, den Prozess der Meinungsänderung willentlich zu beeinflussen, sondern der Propagandakonsument wird viel mehr zum Opfer der Propaganda und ist dieser hilflos ausgeliefert. Das Opfer ist ab einem gewissen Punkt nicht mehr fähig, kritisch zu denken. Das Weltbild der Propaganda hat sich so weit festgesetzt, dass jeder kontroverse Gedankengang dieses zum Einsturz bringen könnte. Ein Aspekt, der schon vorher angesprochen wurde, doch vielleicht erst jetzt in seinem ganzen Ausmass begriffen wird. Um die Gültigkeit dieses Modells noch etwas genauer darzulegen, will ich mich auf ein sehr gutes Bespiel beziehen, dass mir Dr. Cortés bei der Beurteilung dieses Modelles genannt hat: Es geht um den Kindesmissbrauch durch Priester der katholischen Kirche. Was haben Missbrauchsfälle mit Propaganda zu tun? Es sind weniger die Missbrauchsfälle als deren Vertuschung, welche sehr wohl in dieses Buch passen. Es tritt nämlich das Phänomen auf, dass die meisten missbrauchten Kinder dies nie melden oder gar anprangern. Warum zeigen nur so wenige Missbrauchte den Übeltäter an? Um diesen Umstand zu verstehen, muss man einen genauen Blick auf die Kindheit, beziehungsweise auf das Aufwachsen dieser Kinder werfen. Sie wuchsen im Glauben auf, der Priester sei Gottes Diener. Er sei Gottes Sprachrohr und sein Handeln sei darum über jeden Zweifel erhaben. Seit ihrer Geburt stellte der Priester immer eine Art Übermensch dar, der sozusagen Gottes rechte Hand war. Dieser Übermensch missbraucht also eines dieser Kinder und genau an diesem

Punkt beginnt das zu wirken, was Ellul in seinem Propagandamodell beschrieben hat. Das Kind ist nicht fähig, den Priester als Pädophilen, als Übeltäter, ja als schrecklichen Menschen zu identifizieren. Aus dem einfachen Grund, dass diese Kinder zeitlebens einer Art Propaganda ausgesetzt waren. Die Identifikation des Priesters als Unmensch lässt sich nicht mit dem Weltbild des Kindes vereinbaren. An diesem Punkt beginnt ein Mechanismus, den Dr. Cortés als *doppelte Ablehnung* beschreibt, zu arbeiten. Ein Mechanismus, der das Weltbild vor dem Zusammenbruch bewahren soll. Obwohl das Kind unterbewusst weiss, dass etwas Falsches, etwas Schreckliches passiert ist, beginnt es das Ganze zu verdrängen. In einem ersten Schritt beginnt es, das schlechte Gefühl und die Intention, dass etwas Falsches passiert ist, abzulehnen. Als zweites, den Drang, es jemandem zu erzählen. «Der Priester ist ein Mann Gottes. Er tut nur das Beste für mich.». Nur so kann garantiert werden, dass das Weltbild aufrechterhalten wird. So schützen sich die Kinder vor einem psychischen Zusammenbruch. Nur wenige prangern den Verantwortlichen oft erst im Erwachsenenalter an. Ich hoffe, dass dieses Beispiel seine Aufgabe erfüllen konnte. Nämlich einerseits zu zeigen, in wie fern Elluls Modell Gültigkeit besitzt, andererseits, um zu zeigen, wie weit Propaganda oder Gehirnwäsche reichen kann. In unserem Beispiel unterdrückten Kinder sogar einen Missbrauch, um ihr Weltbild nicht zu gefährden. Dies ist natürlich keine bewusste Entscheidung, sondern viel mehr ein Wirkungsmechanismus, der uns vor dem psychischen Verfall schützen soll. Dieser wird von unserem Unterbewusstsein ausgeführt und entzieht sich unserer bewussten Kontrolle.

Das Hovlandische Propagandawirkungsmodell[14]

Das zweite Modell wurde von Carl I. Hovland verfasst. Es ist greift im Gegensatz zu Ellus Modell nicht die engere Definition der Propaganda auf, sondern richtet sich nach dem anderen Definitionsansatz. So muss, wie bereits beschrieben, die Glaubwürdigkeit der Propagandaquelle hoch sein. Was bei Hovland viel wichtiger ist, ist der Ansatz, dass Propaganda ausschliesslich an bereits bestehende Ideen anknüpft. Damit ist sein Modell viel allgemeiner anwendbar. Es ist nämlich sehr viel wahrscheinlicher, dass vor allem Leute, die sich ihre Meinungen bereits gebildet haben, nicht jede Propaganda einfach so und ohne Weiteres akzeptieren. Eine bereits geformte Meinung hemmt bekanntlich ja jegliche kontroverse Meinungen. Deshalb macht es Sinn, dass Propaganda nur dann aufgenommen wird, wenn sie an Bestehendes anknüpft. Gerade deshalb sind die im Kapitel 3 genannten Missstände so wichtig. Liefern sie doch eine Fülle von Ansatzpunkten, mit denen man die meisten Leute erreicht. Auch Lacans Lehren und ihre Anwendung auf die Propaganda lassen sich mit diesem Modell abdecken. Wer will den allgegenwertigen Mangel nicht loswerden?

Dieses Modell lässt also jedem Individuum den Handlungsspielraum, ob es die Meinungsänderung zulässt oder nicht. Natürlich stimmt das auch hier nur begrenzt, denn bewusst entschieden wird nie. Doch nimmt dieses Modell die Schwierigkeit von gut funktionierender Propaganda

---

[14] (Liebeswahr, 2009) (Hovland, Janis, & Kelly, 1953)

viel besser in sich auf. Es wird klar, warum Propagandisten immer nur ein, zwei Schritte vom Scheitern entfernt sind.

Hovland zeigt sehr gut, dass es gar nicht so einfach ist, das Netz der Beeinflussung so zu spinnen, dass es nicht abgeworfen wird. Doch ist es Elull der verdeutlicht, wie schwierig es ist, sich erneut aus diesem Netz zu befreien, wenn man sich erst einmal darin verfangen hat. Gerade deshalb braucht es beide Modelle, die nur gemeinsam das gesamte Wirken der Propaganda zu umschreiben vermögen.

Es ist schlussendlich immer noch stark Situationsabhängig, ob das eine oder das andere Modell seine Gültigkeit entfalten. In seltenen Fällen können natürlich sogar beide gültig sein. Somit koexistieren diese beiden Modelle genauso wie es die beiden Definitionsansätze der Propaganda tun.

Nun fehlt noch die Praxis zu der ganzen Theorie. Ist es doch die Praxis die das eigentlich meisterhafte an der Propaganda darstellt. Nur wer diese auch versteht, versteht die ganze Propaganda. Aus diesem Grund sollen einige Grundsätze betrachtet werden. Grundsätze die, die praktischen Werkzeuge der Propagandisten darstellen und die sich aus all den verschiedenen Modellen ableiten lassen. Die blosse Theorie ist nämlich unbrauchbar, wenn man sie nicht in die Praxis umzusetzen vermag. Dies wusste Goebbels auch schon, der in seinem Buch *Wege ins Dritte Reich* bemerkte: «*Der Propagandist der Theorie ist vollkommen untauglich, der sich eine geistreiche Methode am*

Schreibtisch erdenkt und dann am Ende aufs höchste verwundert und betroffen ist, wenn diese Methode vom Propagandisten der Tat nicht angewandt wird – oder von ihm in Anspruch genommen – nicht zum Ziele führt [...][15]».

4.1.3 Angewandte methodische und psychologische Grundsätze

Aus der Massenpsychologie sowie den verschiedenen Wirkungsmodellen von Propaganda und der Meinungsänderung lassen sich einige für die Propaganda gültige Grundätze ableiten. Diese muss ein guter Propagandist kennen und in seine Strategie einfliessen lassen, wenn er wirklich erfolgreiche Propaganda betreiben will. Dieses Kapitel dient darum dazu, auch noch die letzte Facette der Propagandamethodik voll und ganz zu erfassen. Sehr viele dieser Grundsätze wurden und werden heute immer noch von Propagandisten hochgehalten und es wird nach ihnen gehandelt.

Die Grundsätze der Masse

Der Grundsatz, dass Propaganda glaubwürdig erscheinen und an die Masse appellieren muss, ist zur Genüge bekannt. Daraus lassen sich aber eine Vielzahl weiterer Grundsätze ableiten, die plötzlich viel realitätsnäher, subtiler und viel weniger theoretisch erscheinen. So zum Beispiel das Prinzip, dass Propaganda immer den Anschein erwecken müsse, sie vermittle Fakten und nicht blosse Theorien. Eigentlich handelt es sich hier um die gleiche Botschaft, eben nur praxisnäher formuliert. Richtet man sich der Masse zu, muss den Grundsätzen gefolgt werden,

---

[15] (Bussemer, 2008, S. 183)

dass die Botschaft einerseits ein Gruppengefühl erzeugen sollte. Andererseits ist es wichtig, der Masse dabei einen zentralen Gedanken einzuflössen. Ein Propagandist muss also nicht nur an Probleme anknüpfen, die jeder Konsument kennt, sondern der Masse auch ein gemeinsames Ziel geben. Ein Ziel, dass sowohl ein Industriearbeiter wie auch ein Arbeitsloser oder ein Geschäftsmann miteinbezieht. Hierbei muss aber der Führer immer Führer bleiben und nicht zu einem weiteren Massenmitglied werden. Passiert das, verliert er die Kontrolle über die Masse. Der Gruppenführer muss seine Idee selbst vertreten und sie durchsetzen. Sobald er sich auf die Strömungen der Masse einlässt und nicht mehr unmissverständlich hinter seiner Idee steht, ist seine Propaganda zum Scheitern verurteilt. Ein Fehler, der schnell unterlaufen kann und der einen Führer schnell seinen Kopf kosten kann.

Die Grundsätze der Propaganda-Botschaft

Einige andere Grundsätze richten sich nur an die Propaganda-Botschaft, auch sie knüpfen an bereits bekannten Prinzipien an. Bevor aber genauer auf die Botschaft eigegangen werden kann, muss die Frage gestellt werden, wie sich eine neue Botschaft überhaupt festsetzen kann. Bereits bestehende Meinungen hemmen ja bekanntlich jegliche kontroversen Meinungen. Gerade deshalb muss ein guter Propagandist auch das alte Weltbild in einem ersten Schritt komplett zerstören. Nur so kann er sich nämlich eine Grundlage schaffen, um seine Botschaften überhaupt zu verbreiten. Diese Botschaften werden nämlich nicht nur eher angenommen, wenn sie eine emotionale Belastung lindern, sondern auch wenn sie einen Ausweg aus einer doppeldeutigen Situation liefern. Einfacher gesagt; wenn sie dem Empfänger eine schwierige Entscheidung abnimmt. Des Weiteren flösst ein guter Propagandist der Masse ein Schwarz/Weiss-Denken ein. Diese Technik hält mehrere Vorteile bereit. Erstens ist es möglich, alles in Gut und Böse zu vereinfachen. Zweitens sind hierbei direkt eine Fülle an Emotionen im Spiel. Aber diese Methode hat auch noch einen anderen Vorteil, denn mit ihr ist es möglich, die eigene Gruppe immer wieder als solche abzugrenzen. Andere Grundsätze lassen sich zusätzlich aus der Propagandadefinition ableiten. Propaganda soll z.B. immer eine starke Handlungsdringlichkeit enthalten. Wie bereits angesprochen, will mit der Propaganda immer eine Verhaltensänderung erreicht werden.

Der letzte und zugleich sehr wichtige Grundsatz ist immer noch derjenige der Plakativität und Einfachheit: Nur wenn eine Botschaft wirklich einfach ist, wird sie von allen verstanden, aufgenommen und verbreitet. Mit dem Grundsatz der Einfachheit will ich diese Ausführungen über die Grundsätze der Propaganda abschliessen.

Von der Massenpsychologie über die Umstände für das gute Funktionieren von Propaganda bis hin zu den Grundsätzen sind an diesem Punkt alle Facetten der Funktion der Propaganda abgedeckt. Es sollte nicht länger schwierig sein, eine grosse Vielfalt von Manipulationsversuchen nicht nur erkennen und abzuwehren, sondern diese nun auch wirklich zu verstehen. Doch es wäre sehr mühsam, immer und überall nach Beeinflussungen zu suchen, deshalb soll es im letzten Kapitel dieses ersten Teiles noch um die Propagandamittel gehen. Sodass nicht nur ihre Methodik, sondern auch ihre Verbreitungsmittel klar werden.

4.2 Angewandte Mittel

Nachdem die Strategie, die Grundgedanken und die Methodik hinter der Propaganda klar sind, bleibt nur noch ein Aspekt offen: Wie bringt man die Propaganda unter das Volk? Mit welchen Mitteln verbreitet man Propaganda? Für die Verbreitung von Propaganda gibt es eine Vielzahl Verbreitungsmittel, die alle ihre Vor- und Nachteile haben. Ist die Strategie einmal festgelegt, ist damit die Arbeit noch nicht getan. Jetzt muss der Medien-Mix bestimmt werden. Wo befinden sich die Leute, die erreicht werden sollen? Mit welchem Medium erreicht man sie? Welche Medien müssen wie eingesetzt werden, damit möglichst alle Leute erreicht werden? All diese Fragen wiegen mindestens so schwer wie eine gute Propagandastrategie. Die beste Strategie ist nutzlos, wenn sie nie den Endkonsumenten erreicht. Setzt man nur auf das Radio, obwohl ein klares Bild im Fernsehen die Botschaft viel besser zur Geltung gebracht hätte, wird die Propaganda scheitern. Schaltet man ein Inserat, das auf die Arbeiterschicht zugeschnitten ist, in einem Wirtschaftsblatt, wird es seine Wirkung grösstenteils verfehlen. Es gilt also immer, die Botschaft und das Verbreitungsmedium perfekt aufeinander abzustimmen. Nur wenn beide miteinander harmonieren, wird die Propaganda auch die in der Theorie erdachte Wirkung entfalten. Aber was sind die Vorteile der jeweiligen Medien? Welches sollte man wie anwenden?

4.2.1 Massenmedien (Radio/Zeitung/Fernsehen)

Das Ziel des für eine Propaganda-Kampagne gewählten Mediums ist ganz klar; möglichst viele Menschen sollen erreicht werden. Wie ginge das besser, als mit sogenannten Massenmedien? Diese werden täglich von sehr vielen Leuten gleichzeitig konsumiert. Zu diesen sogenannten Massenmedien gehören Zeitungen, das Radio sowie das Fernsehen. Der Vorteil, der alle diese Medien vereint, ist die Möglichkeit, mit einem geringen Aufwand maximal viele Personen zu erreichen. Schaltet man einen Radiospot morgens um sieben Uhr, wird man hunderte, wenn nicht sogar tausenden Pendler gleichzeitig erreichen. Dasselbe gilt für ein Zeitungsinserat in einer Sonntagszeitung. In einer Diktatur verhält sich das natürlich sehr einfach, da es in diesen typischerweise nur ein, zwei Radio- und Fernsehsender sowie ein paar Zeitungen gibt, die alle staatlich kontrolliert werden. So erreichen dort platzierte Inserat das gesamte Volk. In freien Staatsformen ist die Wahl des richtigen Mediums viel schwieriger. Hier ist die Auswahl des Zeitpunkts, der richtigen Zeitung, des Fernseh- oder Radiosenders ausschlaggebend. Welche Zielgruppe soll erreicht werden? Welche Medien konsumieren sie? Wann tun sie das? So ist es durchaus sinnvoll, ältere Leute beispielsweise mit TV-Werbung während eines Kulturprogrammes und jüngere Leute im Rahmen eins Action-Films anzusprechen.

Natürlich hat auch jedes Massenmedium noch exklusive Vorteile, die nur ihm zu eigen sind.

Das älteste Massenmedium ist ganz klar die Zeitung. Trotz ihres Alters hat sie keinen ihrer Vorteile eingebüsst. Wird etwas in einer Zeitung erscheinen, so wird die Propaganda automatisch von der Glaubwürdigkeit des jeweiligen Blattes profitieren. Von diesem Umstand profitieren auch diverse bezahlte Propagandaartikel. Die hohe Glaubwürdigkeit ist also der exklusive Vorteil von Zeitungen. Auch Flugblätter sollen an dieser Stelle erwähnt sein. Sie bringen zwar nicht den Aspekt der Glaubwürdigkeit mit sich, doch weisen sie viele Gemeinsamkeiten mit Zeitungen auf. So haben sie das gedruckte Wort sowie die hohe Reichweite mit der Zeitung gemeinsam. Sie bringen zusätzlich den Vorteil mit sich, dass sie einen rhetorischen Reiz mit sich bringen können. Das heisst, sie können begrenzt die Vorteile einer guten Vortragsweise eines Redners aufnehmen und erneut wiedergeben. Besonders die gebildetere Bevölkerungsschicht reagiert positiv auf die Zeitung.

Das Radio hingegen ist sehr viel besser geeignet, um ein breiteres Publikum anzusprechen. Natürlich hängt es auch hier wieder vom jeweiligen Musikprogramm ab, welche Gruppe man erreicht. Doch hat das Radio einen Vorteil, von der die Zeitung nur träumen kann. Es ist ihm nämlich möglich, die Zuhörer direkt anzusprechen. Dies wirkt natürlich sehr viel persönlicher und zum Teil auch überzeugender als Worte auf Papier. Das Radio eignete sich darüber hinaus sehr gut, um Reden über einen sehr grossen Raum zu verteilen und das Ganze in Echtzeit. So ist es logisch, dass der Rundfunk in der Propaganda-Erfolgsgeschichte der Nationalsozialisten eine so grosse Rolle gespielt hat.

Anders verhält es sich mit dem Medium, des Fernsehens. In einer Fernsehwerbung ist es möglich, den Zuschauern Ton und Bild gleichzeitig zu liefern. Das Fernsehen dient als bewusste Inszenierung der Wirklichkeit. Auch hier weisen Nachrichtensendungen eine hohe Glaubwürdigkeit auf. Doch ist es sehr einfach, durch falsche Kommentare oder einen manipulativen Schnitt Ereignisse auf eine ganz neue Art für Propagandazwecke zu missbrauchen.

Natürlich stellt auch das Internet ein Massenmedium dar, da heutzutage vor allem Zeitungen oft auch in digitaler Form vorkommen. Das Internet ist ein Medium, dass vor allem heute eine grosse Bandbreite von Möglichkeiten liefert. Es stellt den Ort dar, wo sich so viele von uns täglich aufhalten. Ausserdem ist es, wie im ersten Kapitel schon angetönt, ein sehr attraktives Mittel für Werbung.

Ein weiterer bedeutender Unterschied, die diese Medien untereinander aufweisen, ist ihr Preis. Ein Zeitungsinserat kostet sehr viel weniger als eines im Fernsehen. Welchem Medium dem Vorzug gegeben wird, entscheidet oft das Preis-Leistungs-Verhältnis. Natürlich ist es aber erstrebenswert, in möglichst allen Bereichen aktiv zu sein, damit die Wiederholung der Botschaft so hoch wie möglich ist. Andererseits muss sich ein Propagandist immer für das Medium entscheiden, das am meisten Nutzen einbringt. Ist zum Beispiel eine Parole zu verbreiten, sollte eher auf Zeitung und Rundfunk gesetzt werden. Muss diese doch nicht zwingend in bewegten Bildern dargestellt werden. Gibt es wiederum Filmmaterial, ist das Fernsehen das geeignete Format. Diese Massenmedien sind aber längst nicht alle Mittel, die der Propagandaverbreitung dienen.

4.2.2 Visuelle Mittel (Plakat/Film)

Natürlich ist das Fernsehern nicht das einzige Propagandamittel, dem es möglich ist, mit Bildern zu arbeiten. Auch der heutzutage nur noch begrenzt eingesetzte Propagandafilm arbeitet mit dem bewegten Bild. Doch wie unterscheidet sich der Film eigentlich von Fernsehen? Der Propagandafilm kann einerseits dokumentarischer Natur sein oder von künstlerischer Art. Dokumentar-Propagandafilme nutzen den Vorteil des Filmes aus, den Zuschauer die Ereignisse aus erster Hand miterleben zu lassen. Ihr Empfinden wird durch geschickte Kommentare und die richtige Musik in die gewünschte Richtung gelenkt. Neben dem dokumentarischen Propagandafilm gibt es aber auch den `normale` Unterhaltungsfilm. Diese künstlerischen Propagandafilme folgen oft ebenfalls dem klassischen Aufbau eines normalen Spielfilmes. Der grosse Unterschied ist jedoch, dass die ganze Handlung und sogar die jeweilige Rollenverteilung meist auf eine propagandistische Botschaft oder ein propagandistisches Weltbild ausgerichtet werden. Dies wird aber oft gar nicht erst erkannt, da die Filme unter dem Deckmantel des Unterhaltungsfilms agieren. Der propagandistische Film ist grösstenteils verschwunden. Aber wie so vieles in der Propaganda, überdauern auch die Nachkommen des Propagandafilms; vor allem in Form von Werbefilmen. Diese werden auf sozialen Plattformen wie YouTube, Facebook und Twitter, aber auch im Fernsehen eingesetzt. Ein Mittel, das sich vor allem jetzt während der Corona-Krise wieder grosser Beliebtheit erfreut. Regierungen produzieren Filme am laufenden Band. Die Botschaft ist unmissverständlich:

«Bleiben Sie zuhause!» oder «Halten sie die Hygieneregeln ein!». Natürlich sind diese Filme keine Propaganda im klassischen Sinne, sondern dienen lediglich der politisch sinnvollen Kommunikation. Es soll mit diesem Beispiel aber dennoch gezeigt werden, dass sich also auch der Film nur den neuen Zeiten angepasst hat.

Ein weiteres visuelles Mittel, das geradezu ein Dauerbrenner darstellt, ist das Plakat. Früher wie heute ist es das Propagandamedium schlechthin. Auch heute werden die Strassen mit Politik und Wirtschaftswerbeplakaten nur so zugekleistert. Warum eignet sich aber das Plakat so gut zur Betreibung von Propaganda? Dafür gibt es mehrere Gründe. Erstens sprechen Plakate, wenn sie an der geeigneten Stelle platziert werden, sehr viele Leute auf eine sehr beiläufige Art und Weise an. Zweitens ist die Chance sehr hoch, dass Leute an gewissen Orten mehrmals täglich vorübergehen und somit automatisch die nötige Wiederholung garantiert ist. Der dritte und grösste Vorteil ist, dass Plakate automatisch die Einfachheit mit sich bringen, die jede Propaganda schlussendlich erreichen sollte. Es ist nötig, die Botschaft so kurz und einfach zu gestalten wie nur möglich. Wird dies gut umgesetzt, sind schon einige der wichtigsten Grundprinzipien der Propaganda erfüllt. Zudem hat das Plakat den Vorteil, dass es auch mit einer sehr starken Bildsprache arbeiten kann und muss. Das Plakat stellt somit ein perfektes Beispiel für das «Weniger-ist-Mehr-Prinzip dar». Mit einem guten Plakat ist es oft möglich, viel grösseren Erflog zu erzielen als mit dem kompliziertesten TV-Spot. Warum? Aufgrund ihrer Einfachheit, die automatisch dazu, dass die Botschaft von einem breiteren Publikum verstanden wird. Der Effekt der eingesetzten Schlagworte ist oft durchschlagender als alle anderen Mittel zusammen.

4.2.3 Das gesprochene Wort und Events

Ist eine Botschaft nur eine Botschaft? Entweder sie ist gut durchdacht oder eben nicht. Doch welche Rolle spielt die gute Vortragsweise? Und welcher Einfluss hat der direkte Kontakt zum Konsumenten? Bei allen Druckerzeugnissen lässt sich der Tonfall, die Aussprache und allfällige Kunstpausen nicht miteinbeziehen. Ein grosser Nachteil; denn erst durch die richtige Vortragsweise kann aus einer einfachen Botschaft eine glaubwürdige These entstehen. Ausserdem ist diese Art der Propaganda eine sehr viel Persönlichere. Sei es ein Redner, der sich an seine Zuschauer wendet, oder eine Person, die auf der Strasse Flyer verteilt. Der direkte Personenkontakt stellt einen nicht zu unterschätzenden Vorteil dar. Bei einem sympathischen Redner wird eine Botschaft viel eher aufgenommen, als wenn man sie als blossen Palkatspruch liest. Warum glauben z.B. so viele Menschen an Hitlers wahnsinnige Ideen? Weil er sich gut zu verkaufen wusste. Er wusste, wie er seine Reden aufbauen und sie rezitieren musste, damit die Leute ihm Glauben schenkten. Die direkte Rede hat einen weiteren grossen Vorteil: Der Redner hat den unmittelbaren Qualitätsnachweis, ob seine Rede beim Publikum ankommt oder nicht. Es können also fortlaufend Anpassungen vorgenommen werden. Ein Umstand, der sich vor allem bei Druckerzugnissen schwer und sehr begrenzt durchführen lässt. Darüber hinaus ist es in einer Rede sehr einfach, für die nötige Wiederholung einer Propagandabotschaft zu sorgen, sofern man natürlich die Aufmerksamkeit seines Publikums für die Dauer der Rede halten kann. Auch das Aufhetzen einer Masse gegen einen Sündenbock stellt sich in einer Rede viel einfacher dar, als in einem Zeitungsartikel. Der Ton macht die Musik. Die meisten Botschaften vervielfachen ihre Wirkung, werden sie im richtigen Tonfall präsentiert. Der Tonfall spielt nämlich in der menschlichen Kommunikation eine wichtige Rolle. Ein Problem, das mit dem Schreiben von Textnachrichten zum Vorschein kommt. Oft erklären nur die richtigen Emojis oder Ausdrücke wie «Ha ha», ob es sich um eine ironische oder eine ernst gemeinte Bemerkung handelt. Deshalb ist die Rede ein so wichtiges Propagandamittel. Reden, wie sie Hitler sprach, sind heute zwar nicht mehr so verbreitet. Das Genre ist aber längst nicht ausgestorben. Es hat sich nur zu etwas Zeitgemässem, den Streitgesprächen, gewandelt. Auch hier geht es darum, seinen politischen Gegner auf rhetorische Weise auszuloten und so zu Fall zu bringen. Zu provozieren und ihn bestenfalls dazu zu bringen, sein Gesicht und/oder seine Beherrschung zu verlieren. Und schon ist seine Glaubwürdigkeit ruiniert und man selbst steht vor den potenziellen Wählern in einem erheblich besseren Licht da. Eine gute Rhetorik ist also für einen Propagandisten sehr von Vorteil.

Ein anderes Propagandamittel, das oft vergessen geht, stellen schliesslich noch diverse Events dar. Ein Mittel, das vor allem im Deutschen Reich sehr häufig angewandt wurde. Heute sind Events weniger politischer, doch aber werbetechnischer Natur, was aber nichts an ihrem Grundgedanken ändert. Events verbinden nämlich oft Freizeitaktivitäten mit dem jeweiligen Propagandaziel. Warum organisiert Red Bull zum Beispiel eine Vielzahl an Sportevents und anderen Anlässen? Natürlich nicht aus blosser Nächstenliebe. Red Bull soll mit Spass und Aktivität verbunden werden. Ein Ziel, das diese Firma mit Bravour erreicht hat. Events werden oft nicht als primäres Propagandamittel angesehen, da sie auf den ersten Blick wie blosse Freizeitaktivitäten scheinen. Das ändert aber nichts an ihren wahren Beweggründen und an der Manipulation, die sie auf unterbewusster Ebene ausüben. Sponsorings, bezahlte Werbeartikel in Magazinen und etliche Werbebanner werden oft nur beiläufig wahrgenommen. Das heisst, es muss auch hier immer die nötige Skepsis gewahrt werden. Warum organisiert diese oder jene Partei das? Ist sie einfach nett? Will sie damit etwas Bestimmtes erreichen? Das sind Fragen, die man sich immer auch stellen muss.

Heisst das jetzt, dass man keine Zeitung mehr lesen, Radio hören, Fernsehen schauen oder Events mehr besuchen darf, weil man sonst manipuliert wird? Natürlich hiesst es das nicht. Aber es hilft, die Hintergründe hinter den Kampagnen und Werbungen zu verstehen. Denn ist ein Manipulationsversuch erstmals als solcher erkannt, ist die Bedrohung verschwunden. Glücklicherweise ist heutzutage meistens das grösste Übel das angerichtet werden kann, dass man ein Produkt kauft, das man gar nicht braucht. Aber auch hier kann es helfen, Werbung zu verstehen und die praktischen Seiten zu geniessen. So wird aus personalisierter Werbung, die einen Kunden beeinflussen soll, einen Kauf zu tätigen, ein personalisierter Kaufkatalog. Doch kann es in seltenen Fällen auch zu ernsteren Manipulationsversuchen kommen. Aber dank des Wissens um die Propaganda ist man nun auch vor diesen grösstenteils sicher. Die Kenntnis der Mittel macht es noch einfacher, Propaganda zu entdecken, da sich diese auch an das jeweilige Medium anpasst. Nur wenn man die Vorteile eines Mediums kennt, ist es wirklich möglich, auch diese letzte Stufe der Tarnung zu durchschauen. Es soll aber auch immer der gesunde Menschenverstand mitspielen. Dieses Buch soll keinesfalls Verschwörungstheoretiker erzeugen, sondern vielmehr helfen, auch die Verschwörungstheorien noch einmal auf rationale Weise zu reflektieren. Sich zu fragen: «Ist dieser Verschwörungstheoretiker wirklich einer Propaganda auf die Schliche gekommen? Oder betreibt er nicht viel mehr selbst Propaganda?». Es muss also neben all dem kritischen Denken immer noch eine gewisse Rationalität aufrechterhalten werden und es sollte nicht bei jeder Gelegenheit den Teufel an die Wand gemalt werden.

Am Ende dieses Kapitels ist das Thema der Propaganda vollständig behandelt und hoffentlich auch verstanden worden. Man ist der Propaganda endlich nicht mehr schutzlos ausgeliefert. Man hat sich durch das neue Wissen eine neue Entscheidungsfreiheit zulegen können und wird nun viel weniger von Beeinflussungen gelenkt werden. Es ist natürlich nie möglich, vollends allen dieser Manipulationen entfliehen zu können, denn die Propaganda und Werbeindustrie ist auch daran interessiert, immer noch ein Stückchen subtiler zu werden. Auch werden wir immer emotionale und psychologische Wesen bleiben und das ist auch gut so. Nun weiss man aber, was hinter unseren Entscheidungen steckt und wer diese wie zu beeinflussen versucht. Weil man die Mechanismen, Mittel und die Psychologie versteht, weiss man, wie ein Propagandaversuch einen zu lenken versucht. Begrenzt war es schon vorher möglich, sich darauf einzulassen oder nicht, doch jetzt ist die Menge dieser Möglichkeiten sehr viel grösser geworden. Zumindest ich sehe die Welt nach meinen Recherchen für dieses Buch mit anderen Augen. Inserate, politische Kampagnen und mehr stellen nicht länger Objekte dar, die man zwar wahrnimmt aber nicht versteht. Sie sind vielmehr zu einem offenen Buch geworden, das seine Absichten schwarz auf weiss darlegt.

Aber es fehlt immer noch etwas ungemein Wichtiges. Es geht um die Praxis, nur durch sie wird aus der ganzen Theorie eine praktische, eine angewandte Wissenschaft. Deshalb sollen im zweiten Teil dieses Buches einige Praxisbeispiele der Nationalsozialisten analysiert, sowie ein Blick auf die heutige Propaganda-Aktivität gerichtet werden.

Teil II:

Die Meister der Propaganda

1 Von Hitlers "Mein Kampf" bis zum "Totalen Krieg" durch Goebbels:
Die Grundsätze der Propaganda nach zwei der wichtigsten NS-Agitatoren

Seit der Erfindung der Propaganda im 17. Jahrhundert in Rom stellte sie für viele Parteien und Personen ein sehr effektives Mittel zur Erreichung ihre Ziele dar. Doch waren es die Nationalsozialisten, die diesem Begriff zu so erschreckender Prominenz verhalfen. Sie waren es, die die Propaganda ins Gedächtnis der Menschheit einbrannten und der Welt zeigten, wie effektiv die Meinung einer ganzen Nation gesteuert werden kann. Wer steckte aber hinter dem Ganzen? Wer war für all die Propaganda verantwortlich?

Hier müssen vor allem zwei Persönlichkeiten genannt werden. Der eine ist Adolf Hitler, der andere Joseph Goebbels. Adolf Hitler hegte bereits viele Jahre vor seiner Machtübernahme ein sehr grosses Interesse an Propaganda. So liest sich seine Biografie *Mein Kampf* an manchen Stellen schon fast wie eine Gebrauchsanleitung für das Werkzeug der Propaganda. Adolf Hitler begriff früh, dass ihm das deutsche Volk – ohne gezielte Manipulation – wohl kaum in einen zweiten Weltkrieg folgen würden. Den perfekten Assistenten fand er in Joseph Goebbels. Ein Mann, der Propaganda ebenfalls als das Machtinstrument schlechthin erachtete. Auch er betont einmal in einer Rede: «*Eine gute Regierung ohne Propaganda, kann ebenso wenig bestehen wie eine gute Propaganda ohne eine gute Regierung. Beide müssen sich einander ergänzen.*»[16] . Goebbels wurde für Hitler zu einem sehr effektiven und zuverlässigen Propagandaminister. So war es Goebbels, der schlussendlich alles steuerte, der Reden organisierte, Propagandafilme produzieren liess und alles zensierte, was nicht dem nationalsozialistischen Weltbild entsprach. Man kann ihn schon fast als den Puppenspieler des deutschen Volkes bezeichnen. Er hatte die Propagandafäden in der Hand und wusste diese zu nutzen. Aber waren sich Goebbels und Hitler über die Kunst der Propaganda immer einig? Wie viele der bereits genannten Grundsätze waren ihnen bekannt? Welche ihrer Prinzipien haben teilweise bis heute überdauert? Alle diese Fragen sollten zu Beginn dieses zweiten Buchteiles geklärt werden. Immerhin waren es diese zwei Persönlichkeiten, welche die nationalsozialistische Propaganda zu dem machte, was sie war: Die totale Kontrolle und Unterwerfung eines ganzen Volkes.

1.1 Adolf Hitlers Grundsätze der Propaganda

Adolf Hitler war der Führer des Dritten Reiches und Herrscher über alles und jeden in seinem Machtgebiet. In wenigen Jahren schaffte es dieser Mann, Deutschland aus der Depression zu führen und wieder an die Weltspitze zu-

---

[16] (Rede im Sportpalast/ 10. Februar 1933)

rückkehren zu lassen. Er legte den Grundstein für die nationalsozialistische Propaganda und bereitete den Weg für Goebbels.

Hitler sah Propaganda nie als Wissenschaft, sondern eher als eine Sache des richtigen Bauchgefühls an. Man sollte tun, was man selbst für richtig hielt. Wiederholen, was gut funktionierte und vermeiden, was nicht gut funktioniert hatte. Aber war es nur Hitlers gutes Bauchgefühl, dass seine Propaganda so erfolgreich machte? War er ein Meister des Ausprobierens? Ganz so verhält es sich nicht, denn wird auch er sein Wissen nicht einfach so aus der Luft gegriffen haben. Betrachtet man Hitlers Grundsätze der Propaganda etwas genauer, wird man ein Déjà-vu erleben. Hitlers Grundlagen decken sich nämlich zu grossen Teilen mit Gustave Le Bons Ausführungen über die Masse. Ob er Le Bons Buch *Psychologie der Massen* wirklich gekannt hat, ist möglich, ist aber bis heute unbewiesen. Bei Hitler spielte die Masse immer eine zentrale Rolle, wie es schon aus den Zitaten in der Einführung ersichtlich geworden ist. Seine Propaganda spielte immer mit der Massenseele. Aber was waren Hitlers unanfechtbare Propagandagrundsätze?

Einer der wichtigsten Grundsätze bei Hitler ist gleichzeitig einer der fundamentalsten der Propaganda: Es geht um die Einfachheit. Adolf Hitler war immer klar, dass die Propaganda der Nationalsozialisten einfach und verständlich zu sein hatte. Nur so würde sie wirklich erfolgreich sein. So liest sich in *Mein Kampf*: «*Jede Propaganda hat volkstümlich zu sein und ihr geistiges Niveau zu richten nach der Aufnahmefähigkeit des Beschränktesten, an die sie sich zu richten gedenkt»¹⁷.* Auch ordnete er an, dass sich Propaganda immer nur auf einen Feind zur selben Zeit beziehen sollte. Mit diesen Anordnungen sorgte Hitler schon von Beginn an dafür, dass seine Propaganda auch wirklich das ganze Volk erreichte. Eine sehr wichtige Voraussetzung, denn was bringt Propaganda, wenn sie niemand versteht?

Ein weiteres Prinzip, das für Hitler charakteristisch ist, ist die starke Arbeit mit Emotionen. «Die bösen Juden» sind das beste Beispiel hierfür. Er besass ein Talent dafür, die Emotionen seiner Opfer ganz gezielt für seine Zwecke auszunutzen. Im Übrigen wusste Hitler, dass emotionale Handlungen nie viel mit Rationalität zu tun haben. So schrieb er: *« [...]so muss ihr¹⁸ Wirken auch immer mehr auf das Gefühl gerichtet sein und nur sehr bedingt auf den sogenannten Verstand.¹⁹».*

Aber was haben diese Grundsätze mit Gustave Le Bons Massenpsychologie zu tun? Hitler betont zum Beispiel mehrere Male, dass weder die Propaganda der NSDAP, noch ein Führer sich auf Strömungen der Masse einlassen darf. So beton Hitler : *«Nicht Knecht soll sie²⁰ der Masse sein, sondern Herr²¹»*, an einer anderen Stelle schreibt er: *«Gerade auf dem Gebiete der Propaganda darf man sich niemals von Ästeten oder Blasierten leiten lassen [...]²².»* Etwas ähnliches besagt Le Bons Führerkonzept. Doch das

---

[17] (Hitler, Hitler, Mein Kampf: Eine Kritische Edition, 2016, S. 499)
[18] Mit *ihr* ist hier die Propaganda gemeint
[19] (Hitler, Hitler, Mein Kampf: Eine Kritische Edition, 2016, S. 499)
[20] Mit *sie* ist hier erneut die Propaganda gemeint
[21] (Hitler, Hitler, Mein Kampf: Eine Kritische Edition, 2016, S. 1177)
[22] (Hitler, Hitler, Mein Kampf: Eine Kritische Edition, 2016, S. 509)

ist längst nicht die einzige Ähnlichkeit. An einer anderen Stelle behauptet Hitler nämlich, dass je grösser eine Lüge sei, desto eher werde sie geglaubt. Auch das beschrieb bereits Le Bon. Hat Hitler also einfach alle Grundsätze Le Bons übernommen und selbst nichts zur Propagandatheorie beigetragen? Natürlich nicht, auch Hitler hat einige Grundsätze selbst verfasst. So erachtet Hitler es als sehr wichtig, dass der Kern einer Bewegung immer mit Bedacht gebildet werden müsse. Es war ihm sehr wichtig, nur diejenigen, die wirklich von der Idee der Bewegung überzeugt waren, in diesen Kern einziehen zu lassen. Dies sei sehr wichtig, da ansonsten die Idee verfälscht werden könnte. Der Kern einer Bewegung musste wiederum mithilfe des Mittels der Propaganda «rein» gehalten werden. Hitler erreichte das wie folgt: «*Denn je radikaler und aufpeitschender meine Propaganda war umso mehr schreckte dies Schwächlinge und zaghafte Naturen zurück und verhindert deren Eindringen in den ernsten Kern unserer Organisation[23]*». Aber auch andere wichtige Grundsätze, wie diejenige, dass Propaganda sich nicht selbst widersprechen darf, waren ihm bekannt. Ausserdem ist laut Hitler «*Die zweite Aufgabe der Propaganda [...] die Zersetzung des bestehenden Zustandes und die Durchsetzung dieses Zustandes mit neuen Ideen[24]*». Er wusste also, dass sich neue Ideen erst nach der Zerstörung des alten Weltbildes festsetzen können.

---

[23] (Hitler, Hitler, Mein Kampf: Eine Kritische Edition, 2016, S. 1487)
[24] (Hitler, Hitler, Mein Kampf: Eine Kritische Edition, 2016, S. 1481)

Es wird immer klarer, dass Hitler nicht aus reinem Zufall eine der grössten Diktaturen der Geschichte errichten konnte. Es war viel mehr sein Wissen um die Macht der Propaganda, die ihm den Weg bereitete. Es ist allmählich erkennbar, dass viele der im ersten Buchteil genannten Grundsätze hier ihren Ursprung haben. Dass es Hitler war, der aus vielen theoretischen Propagandaansätzen und der Massenpsychologie einige der wichtigsten Propagandagrundlagen formte. Es ist nun auch ersichtlich, dass sich die im ersten Buchteil erarbeiteten Grundsätze in unzähligen Propagandabeispielen widerspiegeln und fast universell anwendbar sind. Darüber hinaus zeigt dieses Kapitel, dass erfolgreiche Diktatoren nicht nur grössenwahnsinnig, sondern auch immer Genies der Manipulation sind. Einer von ihnen war Hitler. Ohne verlässliche Anhänger wie Goebbels wäre er aber nie so weit gekommen. Obwohl Hitler das Fundament legte, war es doch Goebbels, der die Propaganda aufbaute und in erster Linie für sie verantwortlich war. Ein Mann, der Propaganda viel mehr als Wissenschaft denn als Gefühlssache betrachtete. Was sind seine Grundsätze der Propaganda?

1.2 Joseph Goebbels Grundsätze der Propaganda

War Adolf Hitler der Führer des Deutschen Reiches, so war es doch Goebbels, der die propagandistische Kontrolle früh übernommen hatte. Obwohl er dem Führer treu ergeben war, vertrat Goebbels eine etwas andere Ansicht beim Thema Propaganda. Schon den Doktortitel, den er trug, lässt erahnen, dass dieser Mann sich selten nur von

Gefühlen leiten liess. Er glaubte nicht wie Hitler an die Massenseele und sah in der Propaganda immer eine Wissenschaft. Goebels ging oft sehr viel geplanter und durchdachter vor als Hitler. Er war es, der als Leiter des Ministeriums für Volksaufklärung und Propaganda alles bis ins Kleinste plante. Man kann fast sagen, dass es keine Propaganda gab, die nicht in irgendeiner Form über Goebbels Schreibtisch gewandert wäre. Er sorgte auch immer dafür, seine Propaganda zu verschleiern. Etwas, das Hitler nie getan hat. Ausserdem scheute Goebbels nicht davor zurück, seine Propagandaeffizienz stets zusätzlich mit Gewalt und Terror abzusichern. Und auch in der Propagandaverbreitung vertrat er einen anderen Standpunkt als Hitler. Goebbels begriff nämlich früh, wie wichtig die Medien für die Propaganda waren. Man kann ihn getrost als Propagandisten der neuen Schule bezeichnen, wohingegen Hitler den alten Grundsätzen folgte. Einige seiner Prinzipien harmonisierten mit denen Hitlers, in anderen waren sie sich uneins.

Als einen der ersten Grundsätze sollte hier wahrscheinlich derjenige der Dringlichkeit genannt werden. Ein Grundsatz, der sich bis heute erhalten hat und der vor allem für die gewünschte Verhaltensänderung unverzichtbar ist. In Goebbels Worten: Propaganda solle den Eindruck erwecken, dass sich die Lösung auf eine Frage stets um ein Sein oder Nichtsein drehe[25]. Ein weiterer Ansatz, der einem Protokoll des Propagandaministeriums zu entnehmen ist, ist, dass Propaganda immer an den Instinkt einer Person

---

[25] (Hundhausen, 1975, S. 156)

und nie an deren Verstand zu appellieren habe.[26] Ein Grundsatz, der ähnlich wie Hitlers Grundsatz der Emotionen darauf abzielt, die Psychologie des Propagandakonsumenten auszunutzen und den Verstand zu umgehen.

Ein Aspekt, in welchem Hitler ganz und gar nicht Goebbels Meinung war, ist der Umstand der Karikatur. Oder besser gesagt, die Technik, einen Feind lächerlich zu machen. Goebbels hielt dies für eine sehr gute Methode, immer unter den Bedingungen, dass die karikierte Schwäche nicht bei einem selbst vorhanden war. Hitler bemerkt dazu nur: «*Es war [...] grundfalsch, den Gegner lächerlich zu machen [...]*[27]». Warum? Hitler war der Ansicht, Karikaturen würden den Soldaten den nötigen Respekt vor dem Feind nehmen und somit zum Leichtsinn führen. Eine Ansicht, die Goebbels als solche nie vertreten hat. Dieses Beispiel zeigt sehr gut, dass Goebbels trotz allem in manchen Fällen auch gegen den direkten Willen des Führers handeln konnte und dies auch tat. Das Thema der Medienkontrolle und der Zensur wird eingehender im nächsten Kapitel thematisiert. Ein Aspekt, der aber hier schon genannt werden kann, ist, dass Goebbels auch der Schöpfer vieler Schlagwörter war. Mit diesen rezitierten Floskeln wurde – wie Hovland schon betonte – eine höhere Beteiligung und somit eine grössere Effizienz erreicht[28]. «Führer befielt! Wir folgen»! und «Ein Reich! Ein Volk! Ein Führer» sind nur einige Beispiele dafür.

---

[26] (Hundhausen, 1975, S. 163)
[27] (Hitler, Hitler, Mein Kampf: Eine Kritische Edition, 2016, S. 501)
[28] (Hovland, Janis, & Kelly, 1953)

Neben den Grundsätzen, die durch Goebbels selbst verfasst wurden, gibt es noch einige, die sich zwar auf Goebbels Vorgehensweise beziehen, aber erst viele Jahre später durch Leonard W. Doob in einem Aufsatz *Goebbels'principles of Propaganda* analysiert wurden[29]. In diesem führt Doob über 15 Grundsätze auf, von denen hier nur die besonders aussagekräftigen erwähnt sein sollen. Es gilt zudem zu beachten, dass dieser Artikel Goebbels Strategie und Handeln betrachtet hat und durch diese Analyse gültige Propagandaprinzipien für das Vorgehen Goebbels erarbeitet hat. So müsse Propaganda beispielsweise immer sorgfältig terminiert werden, also zum richtigen Zeitpunkt betrieben werden. Des Weiteren solle Propaganda immer so betrieben werden, dass sie die Aktionen des Gegners beeinflussen. Auch die Verhaltensänderung durch Melezkes Definition wird in diesem Punkt erneut aufgegriffen. Auch werden bereits bekannte Aspekte erwähnt etwa, dass Propaganda ein Angstniveau schaffen und das Ausleben von Hass gegenüber einer gewissen Personengruppe erleichtern müsse. Grundsätze, die von den Nazis und auch von Goebbels sehr oft genutzt wurden (*zur Feindbildideologie später in Kapitel 2 mehr*). Auch hier wird wieder einmal klar, wie weit Goebbels seiner Zeit voraus war. Er wusste etliche Jahre vor Hovland und seinen Kollegen um den grossen Vorteil der Angst. Es wird immer klarer, wie genau und strukturiert Goebbels seine Propaganda aufgebaut hat. So besagt der Artikel nämlich auch, dass beim Planen einer Aktion immer deren Propagandawirkung mit einberechnet werden muss. Goebbels plante also nicht nur

---

[29] (Bussemer, 2008)

die Propaganda selbst sondern auch alles, was diese in irgendeiner Weise beeinflussen könnte. Propaganda stellte für ihn nicht nur einen Job dar, den man morgens um 7:30 beginnt und abends um Punkt 18:00 beendet. Ständig und überall beschäftigte er sich mit ihr. Alleine, mit seinen Angestellten und nicht selten auch mit dem Führer selbst. Oft besprach Goebbels seine Propagandaideen mit Hitler und ging auch immer wieder auf dessen Anregungen ein. Es muss doch auch einige Grundsätze geben, die beide vertraten, oder? Sonst hätte das Propagandakonzept doch wohl kaum funktioniert.

1.3 Gemeinsame Propagandagrundsätze

Waren sich Goebbels und Hitler auch in einigen Aspekten uneins, so gab es doch Ansichten, die sie teilten. Eine dieser Ansichten war, dass Propaganda der Masse immer ein Schwarz/Weiss-Denken einflössen müsse. Ein Prinzip, das sich in der nationalsozialistischen Propaganda wie ein roter Faden durch alle Bereiche zieht. Die «guten Volksdeutschen» gegen die «bösen Juden», Kommunisten oder Kapitalisten. Dieser Gedanke ist einer der Zentralsten im Nationalsozialismus. Es geht immer darum, dass die «gute arische Rasse» gegen ihre Feinde kämpft. Ein weiterer Grundsatz in dem Goebbels Hitler zustimmt, ist derjenige der Einfachheit. Ausserdem begreifen beide, wie wichtig es ist, eine Botschaft so oft wie möglich zu wiederholen. Goebbels schreibt dazu in seinem Tagebuch: «*Nur Wie-*

derholung einmal festgesetzter und gleichbleibender Thesen führt hier zu einem Dauererfolg[30]». Auch Hitler schreibt in *Mein Kampf*: «*Sie[31] hat sich auf wenig zu beschränken und dieses ewig zu wiederholen.[32]»*. Wie bereits im ersten Buchteil betont, sind diese beiden Grundsätze nicht nur bei Hitler und Goebbels fundamental, sondern eigentlich für jede Art der Propaganda.

Neben diesen Aspekten mussten sich Hitler und Goebbels aber vor allem in einem Umstand einig sein. Wären sie es nicht gewesen hätte es zwischen Ihnen schlichtweg nicht funktioniert. Es geht um die Zielsetzung: Goebbels war trotz seines fehlenden Glaubens an die Massenseele mit Hitler einer Meinung, dass die Aufgabe der Propaganda immer die Eroberung der Masse sein sollte. Ein Prinzip, das verständlich erscheint. Hitler addiert aber noch etwas, einen Zusatz, an den sich auch Goebbels stets gehalten hat: Adolf Hitler betont nämlich, dass die Richtigkeit der Propaganda immer nur an ihrem Erfolg zu messen ist. Neben den bereits genannten Grundsätzen, waren sich die beiden Propagandisten nur noch in einem weiteren Aspekt vollends einig: Beide betitelten die Propaganda als Kunst. Beide von ihnen begriffen, dass Propaganda sehr sorgfältig betrieben werden musste. Was Hitler mit Intuition wettmachte, füllte Goebbels mit verschiedenen Propagandatheorien auf. Wer von ihnen mehr zum Propagandaer-

---

[30] (Goebbels, Die Tagebücher von Joseph Goebbels/ Teil II: Diktate 1941-1945, 1998, S. 651)
[31] Mit *Sie* ist hier die Propaganda gemeint
[32] (Hitler, Hitler, Mein Kampf: Eine Kritische Edition, 2016, S. 509)

folg beigetragen hat, bleibt offen. Aber es war wahrscheinlich die Kombination aus Hitler und Goebbels, welche die Propaganda der Nationalsozialisten so effizient machte. Nach diesem Kapitel ist klar, warum die Propaganda der NSDAP bis heute zu den erfolgreichsten ihrer Art gehört. Hitler und Goebbels vereinten einen Grossteil des Wissens zur Betreibung erfolgreicher Propaganda. Ich hoffe, dass ich nach diesem Kapitel einen ersten Einblick in die Nationalsozialistische Propaganda gewähren konnte. Die Grundsätze sind jetzt bekannt, nun fehlt nur noch deren Umsetzung. Gerade in der Umsetzung blühte Goebbels auf. Er war nicht nur ein Meister der Propaganda, sondern auch der Organisation. Im nächsten Kapitel geht es genau darum. Wieso war gerade Goebbels Zensurkonzept so revolutionär? Warum spielte der Rundfunk eine wichtige Rolle? Wie schafft es Goebbels, alle Medien zu kontrollieren? Und auch Hitlers Reden geben Aufschluss über die Propagandakonzeption der Nationalsozialisten. Wo setze er an? Wie baute er seine Reden auf? Was machte die Propaganda der Nationalsozialisten so erfolgreich?

2 Von Reden, Rundfunk, Presse und der Wochenschau:
Welche Mittel setzten die Nationalsozialisten zur Erreichung ihrer Propagandaziele ein?

Es war nicht die Propagandatheorie alleine, welche die Nationalsozialisten zu (leider) hervorragenden Propagandisten machte. Ihre Theorie folgte zu grossen Teilen den Leitlinien, denen jede Propaganda folgt. Das Revolutionäre und Herausragende an der nationalsozialistischen Propaganda war viel mehr deren meisterhafte Umsetzung. Keiner meisterte Reden wie Adolf Hitler. Gleichzeitigt herrschten Goebbels und sein Propagandaministerium mit eiserner Hand und schafften es, die Menge an kontroverser Information fast gänzlich auszumerzen. Zeitungen, Radiosender und Filmproduktionen wurden reorganisiert und gleichgeschaltet. Die Nationalsozialisten flochten ihren Propagandainhalt in alle Aspekte des täglichen Lebens ein. Die Bürger des Dritten Reiches waren ständig und überall von ihr umgeben. Radiosender verkündeten Propagandabotschaften. Zeitungen publizierten Falschmeldungen und sogar im Kino war die Propaganda mit der vorgeschobenen Wochenschau präsent. Doch das war längst nicht alles: Goebbels sorgte mit einem ausgeklügelten Zensurkonzept dafür, dass auch wirklich nur regimetreue Inhalte konsumiert wurden. Nirgendwo durfte es den kleinsten Ansatz zum kritischen Denken gegeben. Der Staat kontrollierte alles: Jegliche Information passierte entweder Goebbels' oder Hitlers Schreibtisch. Die Nationalsozialisten waren also vor allem eines: Organisationsprofis. Keiner vor ihnen hatte es geschafft, ein Zensur- oder Propagandakonzept so effektiv zu gestalten. Wobei an diesem Punkt gesagt werden muss, dass es eigentlich gar kein richtiges Propagandakonzept gab. Goebbels und Hitler fuhren vor allem mit der Strategie, viel Propaganda zu betreiben und diese in alle Lebensbereiche einfliessen zu lassen. Die Propaganda kann schon fast mit der Atemluft der Bürger verglichen werden, so allgegenwärtig war sie. Obwohl es also kein richtiges Konzept gab, folgten einzelne Propagandasektoren trotzdem klaren Grundsätzen. Wie schaffte es die NSDAP, jeden Aspekt des öffentlichen Lebens zu beeinflussen? Warum waren Hitlers Reden so erfolgreich? Und mit welchen Prinzipien schaffte es Goebbels, eine ganze Nation zu seiner Marionette werden zu lassen? Diese Fragen sollen in Verlaufe dieses Kapitels geklärt werden.

2.1 Propagandaorganisation, Zensur und die gezielte Einsetzung der Medien

Die wichtigsten Propagandamittel sind und waren alle Formen von Medien. Ein Umstand, der bereits im letzten Kapitel des ersten Buchteiles genauer thematisiert wurde. Wie organisiert man aber die Gleichschaltung aller Medien in einer Diktatur? Wie kann eine tatsächliche Uniformität erreicht werden? Es kann eine richtige Herkulesaufgabe darstellen, alles unter staatliche Kontrolle zu stellen.

Eine Aufgabe, die Joseph Goebbels in Deutschland gekonnt gemeistert hat. Doch als alle Medien einmal in seiner Hand waren stellte sich direkt die nächste Frage. Wie nutzt man das Medienmonopol eines ganzen Staates? Welche Sektoren waren besonders gut ausgestaltet? Welche stellten eine Ausnahme dar? Es stellt sich die Frage, wie die Nationalsozialisten es schafften, in einem so grossen Reich über so viele Jahre ihre Propaganda aufrecht zu erhalten.

2.1.1 Propagandaorganisation und Zensurkonzept

Nach der Machtübernahme sah sich Goebbels ziemlich schnell mit dem Problem konfrontiert, die unzähligen Radiosender, Zeitungen und Filmproduktionen unter staatliche Aufsicht stellen zu lassen. In der Weimarer Republik waren alle diese Medienzweige erneut aufgeblüht und hatten sich weitgehend von den Schrecken des Ersten Weltkrieges erholt. Goebbels scheiterte aber nicht an seiner Aufgabe, sondern er wuchs schon fast an ihr. So fügte er im Laufe der Zeit immer mehr Kontrollmechanismen hinzu, bis die NSDAP schliesslich wirklich das Monopol auf alle Unterhaltungsmedien hatte. Aber wie erreichte er das?

Goebbels Kontrolle funktionierte prinzipiell auf zwei Ebenen: In einem ersten Schritt gründete die NSDAP das Reichsministerium für Propaganda und Volksaufklärung, welches am 13. März 1933 die Arbeit aufnahm. Goebbels war der Vorsteher dieser Intuition. Das Ministerium hätte aber auch einfach Propagandaministerium heissen können, da der zweite Teil des Namens (Volksaufklärung) bereits eine Lüge an sich war und nur der Verschleierung der wahren Aufgabe dieser Intuition diente: Die totale Kontrolle über alles und jeden zu erreichen. Das Ministerium war in drei grosse Sektoren – Kunst, Medien und Musik – unterteilt. Diese Sektoren waren wiederum in Untersektoren aufgeteilt, sodass schlussendlich wirklich jeder Aspekt des öffentlichen Lebens seine Abteilung hatte. Neben einer Propagandaproduktionsstätte war dieses Ministerium vor allem eines, eine riesige Zensurmaschinerie. Alles wurde zensiert. Von der grossen Filmproduktion bis hin zum kleinsten Zeitungsartikel. Damit war ein erstes Mass an Kontrolle erreicht. Doch Joseph Goebbels reichte das nicht. Er wollte mehr. Und diese zusätzliche Kontrolle erreichte er nur drei Monate später mit der Einführung der Reichskulturkammer. Was anfangs sehr harmlos klingt, stellt sich auf den zweiten Blick als weiteren cleveren Schachzug Goebbels' heraus. Denn nur wer Mitglied in dieser Kammer war, durfte seinen Beruf auch weiterhin ausüben. Sie folgte einem sehr ähnlichen Aufbau wie das Propagandaministerium und schloss vom Musiker über den Kameramann bis hin zum Radiohersteller alle Berufe mit ein. Und wem unterstand die Reichskulturkammer? Erraten, natürlich erneut Goebbels. Er konnte sich also jetzt all derer entledigen, die ihm immer schon ein Dorn im Auge gewesen waren. So wurden Juden oder Regisseure mit falschen politischen Meinungen gar nicht erst in die Kammer aufgenommen und waren somit direkt berufsunfähig. Des Weiteren drohte nun jedem, der nicht nach Goebbels Pfeife tanzte, das Berufsverbot. Eine Drohung, die ihre Wirkung nicht verfehlte.

Aber Joseph Goebbels wäre nicht als der Propagandist in die Geschichte eingegangen, wenn er sich mit diesen sehr allgemeinen Massnahmen zufriedengegeben hätte. Es war ein guter Anfang, ein gutes Grundkonstrukt. Aber wie schaffte es Goebbels, jeden der verschiedenen Sektoren zu vereinheitlichen? Eine Zeitungshaus ist schliesslich ganz anders aufgebaut als eine Filmproduktion. Gerade deshalb erliess Goebbels noch einige andere Gesetze und ergriff weitere Massnahmen, um wirklich alle Sektoren auf eine Linie zu setzen:

Sektor Rundfunk

Zu Beginn soll der Blick auf das wichtigste Medium der nationalsozialistischen Propaganda gerichtet werden, auf den Rundfunk. Wie ging Goebbels in diesem Bereich vor? Erstaunlicherweise musste Goebbels in diesem Sektor zu gar keiner grossen Reform ansetzen, weil die Weimarer Republik hier schon ganze Arbeit geleistet hatte. Der Rundfunk wurde bereits während der Weimarer Republik stark vom Staat kontrolliert. So hatten sich schon vor der Machtübernahme der Nationalsozialisten alle grösseren Radiosender zur Reichs-Rundfunk-Gesellschaft zusammenschliessen müssen. Es wird also auch hier klar, dass die Weimarer Republik nicht ganz so frei war, wie sie auf den ersten Blick zu sein schien. Ein Umstand, der den neuen Machthabern, den Nationalsozialisten, ungemein in die Hände spielte. Goebbels und das Ministerium für Propaganda mussten nur noch die wenigen abtrünnigen Radiosender verbieten oder ausmerzen und konnten den Rest des perfekten Kontrollsystems einfach aus der Weimarer

Republik übernehmen. Bereits im Jahre 1934 war es geschafft und die NSDAP kontrollierte alle Radiosender Deutschlands. Nun mussten diese noch von jeglichen nicht-nationalsozialistischem Gedankengut gesäubert werden. Diese Säuberung betraf vor allem die bis dahin noch relativ freie Musikszene. Goebbels löste das ganz pragmatisch und erteilte einfach allen Musikkünstlern, die nicht in sein Weltbild passten entweder ein Auftrittsverbot oder schloss sie ganz aus der Reichskulturkammer aus. Zusätzlich kam es zu Massentlassungen und alle Chefsessel der Radiogesellschaften wurden mit Funktionären der NSDAP besetzt. Goebbels verstand es, kontroverse Ideen im Keim zu ersticken und auszumerzen. Nach diesen Reformen waren alle Radiosender durch und durch nationalsozialistisch geworden. Eine weitere Reform, die aber erst nach Kriegsbeginn eingeführt wurde, war das Verbot, ausländische Radiosender zu hören. Ein Verbot, dass obendrein mit dem Vertrieb des hauseigenen Volksempfängers (*dazu später mehr*), der nur deutsche Sender empfangen konnte, erreicht wurde. Die Gleichschaltung der Radiosender war also fast schon ein Spaziergang.

Sektor Presse

In der Zeit des Nationalsozialismus gab es in ganz Deutschland ca. 3400 – 4300 verschiedene Zeitungen. Eine enorm hohe Zahl, die vermuten lässt, dass dieser Sektor etwas schwieriger zu kontrollieren sein würde. Aber auch das schaffte Goebbels mithilfe seines Kollegen Max Ammans. Gemeinsam zwangen sie alle Verlage, Zeitungshäuser und/oder Druckereien entweder zu schliessen, oder sich unter nationalsozialistische Kontrolle stellen zu lassen. So kontrollierte die NSDAP bald jegliche Presse. Doch auch hier reichte es nicht aus, alleine zu kontrollieren, sondern man musste die Presse und deren Inhalte auch reformieren. Goebbels erreichte das mit zwei Massnahmen: Erstens mit gezielten Presseanweisungen, die der Presse schon im Vornherein vorgab, wie ein Artikel auszusehen hatte und wie nicht. Zweitens erliess er ein Gesetz, dass unter dem Namen des *Schriftleitergesetzes* in die Propagandageschichte eingehen sollte. Dieses Gesetz folgte einem sehr ähnlichen Grundgedanken wie die Reichskulturkammer. Journalisten erfüllten nun eine öffentliche Arbeit und nur diejenigen, die auf der *Schriftleiterliste* standen, durften auch wirklich Artikel verfassen. Wer Artikel verfasste, die dem Regime nicht passten, wurde einfach von dieser Liste entfernt und stürzte somit in die Mittellosigkeit. Er oder sie konnte ihren Beruf nicht länger ausüben. Durch diese sehr reale Bedrohung war nach dem Erlass dieses Gesetzes fast keine Vorzensur mehr nötig.

Neben all diesen Mechanismen ersann Goebbels eine Massnahme, welche die Steuerung der Informationsflut ungemein vereinfachte: Jegliche Berichterstattung erhielt fortan alle ihre Informationen direkt von den Deutschen Nachrichtenbüros. Und diese wurden vom wem kontrolliert? Von den Nationalsozialisten natürlich. Somit garantierte Goebbels, dass schon im ersten Schritt wirklich nur die Informationen verbreitet wurden, die er für richtig hielt. So war sogar der Informationsfluss im Dritten Reich eine Art Propaganda.

Sektor Film

Den Sektor Film haben die Nationalsozialisten zu grossen Teilen mitgestaltet. Auch der deutsche Film war nach dem ersten Weltkrieg aufgeblüht und hatte sich zu einer sehr bunten Filmlandschaft gewandelt. Wo setzte Goebbels an und wie erreichte er hier die totale Kontrolle? Wie beim Radio entliess und deportierte er in einem ersten Schritt alle – aus seiner Sicht – ungeeigneten Angestellten. Dann zwang er alle Filmproduzenten, sich in einige wenige grosse Filmproduktionen zusammenzuschliessen. Eine Massnahme, die den Sektor Film viel leichter kontrollierbar machte. Und zum Schluss erliess er das *Lichtspielergesetz*. Ein Gesetz, dass es den Nationalsozialisten erlaubte, Filme vorab zu zensieren. Warum Vorzensur? Weil es möglich war, einen Film schon aufgrund seines Drehbuches für immer in einer Schublade verschwinden zu lassen. Mit anderen Worten: Passte der NSDAP das Drehbuch nicht, wurde der Film gar nicht erst produziert.

Nach diesem Kapitel ist klar, wie sorgfältig Goebbels und die Nationalsozialisten alles kontrollierten und zensierten. Die Zensur war allgegenwärtig und die NSDAP schafften es, die Menge an kontroversen Informationen sehr gering zu halten. Alles wurde kontrolliert und sogar die normale Berichterstattung diente propagandistischen Zwecken. Selbst wenn ein kritischer Denkansatz dagewesen wäre, wäre es doch sehr schwer gewesen, diesem zu folgen. Alle Informationen waren manipuliert und das Volk war ständig vom nationalsozialistischen Weltbild umgeben. Das

Weltbild setzte sich aus Artikeln zusammen, die man las. Aus Filmen, die man schaute und selbst in der Musik war man ständig davon umgeben. Da ist es klar, dass sogar der stärkste Widerstand langsam zerbröckelte und man sich wenigstens unterbewusst in dieses Weltbild einfügte. Einfach nur um zu überleben. Vor allem während des Krieges war es wichtig, nicht jegliche Energie für einen sinnlosen Widerstand zu verschwenden. Zu der ganzen Zensur kommt dann noch die ganze Propaganda dazu, die ganz bewusst betrieben wurde.

2.1.2 Die gezielte Einsetzung der Medien

Nachdem das Zensurkonzept der Nationalsozialisten bekannt ist und so ein erster Überblick über die Medienlandschaft des Dritten Reiches gegeben ist, sollten nun, die einzelnen Bereiche noch etwas genauer unter die Lupe genommen werden.

Der Rundfunk

Wirft man einen genaueren Blick auf den Führerkult und die sonstige Propaganda der Nationalsozialisten, stellt man schnell fest, dass die Rede eine sehr zentrale Rolle spielte. Hitler und Goebbels hielten vor, während und nach der Machtübernahme duzende Reden. Es ist aber auch klar, dass diese Reden ihre Wirkung verfehlt hätten, wenn sie nicht gehört worden wären. Der Rundfunk wurde zum Sprachrohr des Führers und das Volk sollte immer und überall für Durchsagen erreichbar sein. Somit erklärte Goebbels das Medium des Radios schon sehr früh zum ausschliesslichen Propagandamittel.

Die Musik und die Unterhaltungsprogramme dienten fortan lediglich zu Generierung höherer Hörerzahlen. In dieses Programm flochten die Nationalsozialisten dann die Propagandainhalte ein und machten sie somit fast unsichtbar. Doch Goebbels Traum von der ständigen Erreichbarkeit des Volkes stand immer noch eine grosse Hürde im Weg, denn durch die hohe Arbeitslosigkeit besassen nur sehr wenige Bürger ein Radio. Wie sollte dieses Problem also gelöst werden? Das beste Radioprogramm bringt schliesslich nichts, wenn es den Endkonsumenten nie erreicht. Doch auch für dieses Problem hatten die Nationalsozialisten bald eine Lösung parat, denn durch die Einführung des billigen *Volksempfängers* steigerte sich die Zahl der Radiogeräte auf rund 11.5 Millionen. Eine Innovation, die bei der Bevölkerung gut ankam, denn plötzlich konnten sich auch die ärmeren Bürger den damals noch luxuriösen Radioapparat kaufen. Der Rundfunk wurde vor allem während dem Krieg zum wichtigen Mittel für die Propaganda der NSDAP. Das Radio sendete zunehmend politische Kommentare und gegen Kriegsende war es das einzige Medium überhaupt, dass immer noch aktiv war. Goebbels hatte nämlich nach der Verkündung des *Totalen Krieges*[33] jegliche Presse lahmlegen lassen. Ausserdem sorgte Goebbels dafür, dass sich das Radio immer stark nach der öffentlichen Stimmung richtete. So verbot er das Spielen von Schlagern nach der Niederlage in Stalingrad. Es wird also immer klarer, warum gerade der Rundfunk für den Nationalsozialismus so ausschlaggebend war. Er

---

[33] Mit dem *Totalen Krieg* läutete Goebbels die Endphase des Zweiten Weltkriegs ein. Dies beinhaltete, jegliche Ressourcen nur noch für den Krieg zu nutzen.

sorgte für grosse Reichweite und machte ein Grossteil des Volkes jederzeit erreichbar. Es war das Radio, das Hitlers Reden verbreitete und es war das Radio, das zu einem grossen Teil zum Erfolgszug der nationalsozialistischen Propaganda beitrug. Nicht zuletzt, weil Goebbels nie vergass, den wahren Nutzen zu verschleiern und es stets als Unterhaltungsmittel zu verkaufen wusste. So schreibt er in seinem Tagebuch: «*Der Rundfunk muss möglichst vielfältig und mannigfaltig in seinem Programm sein*[34].». Obwohl der Rundfunk eines der wichtigsten Propagandainstrumente darstellte, betrieben die Nationalsozialisten natürlich wirklich überall Propaganda. So wurde auch die Presse zunehmend zur Verbreitung von Propaganda eingesetzt. Hier ging es zwar viel mehr um die Informationssteuerung, doch ist ihr propagandistischer Nutzen nicht zu unterschätzen.

Die Presse

Die Presse nahm trotz aller Zensur nach wie vor die Aufgabe der Berichterstattung ein. Aber auch diese Berichterstattung sollte immer noch ein ganz bestimmtes Ziel verfolgen. Während des Krieges war dieses Ziel insbesondere, den Kriegswillen des deutschen Volkes aufrecht zu erhalten. Deshalb folgte die Presse während dem Krieg vor allem dem Prinzip, Siege in den Vordergrund zu rücken und Niederlagen unter den Teppich zu kehren. Eine Aufgabe, die im Verlaufe des Krieges immer schwieriger wurde, denn die Blitzkriegerfolge blieben immer mehr

---

[34] (Goebbels, Die Tagebücher von Joseph Goebbels/ Teil II: Diktate 1941-1945, 1998, S. 346)

aus. Die Niederlagen stiegen und somit auch die Verluste. Diese wurden sehr selten publiziert. Die Presse diente also vor allem dazu, die Stimmung der Leute mit gezielter Informationserfassung zu beeinflussen. Es galt, ein Volk, das eben einen Krieg verloren hatte und unter den Folgen gelitten hatte, für einen neuen Krieg zu begeistern. Die Unterstützung des Volkes musste um jeden Preis aufrechterhalten werden. Genau aus diesem Grund erliess Goebbels die Anweisung, dass die Presse nie Vorhersagen machen dürfe. Wenn das Vorhergesagte nämlich nicht eintreffen würde, so bestehe die Gefahr, das Volk zu enttäuschen und dessen Kriegswillen zu verlieren. So bemerkt Goebbels bei einer geheimen Konferenz: «*Allgemein soll nochmals darauf hingewiesen werden, dass es Aufgabe der Presse lediglich sein darf, über Gewesenes zu berichten, und dass Voraussagen unter gar keinen Umständen zulässig sind[35]*». Aber mit den ausbleibenden Siegen musste immer mehr gegen dieses Prinzip verstossen werden, brauchten die Nationalsozialisten doch vor allem gegen Kriegsende zwingend Erfolge. Selbst, wenn diese nur als leere Versprechungen vorhanden waren. Es muss aber auch angemerkt werden, dass es neben den von der NSDAP kontrollierten Blättern auch noch wirkliche Propagandazeitungen gab. Zeitungen, die schon sehr früh von den Nationalsozialisten gegründet worden waren und die ganz klar zur Verbreitung des nationalsozialistischen Gedankenguts genutzt wurden. Zu den bekanntesten unter ihnen zählen der *Völkische Beobachter* und den durch

---

[35] (Heidenreich, 2010, S. 284)

Goebbels geführte *Angriff*. Beide Blätter quollen vor Propaganda nur so über und hatten natürlich sehr wenig mit der schlichten Berichterstattung der anderen Zeitungen zu tun. Die Presse nahm also im Propagandakonzept der NSDAP nur eine sehr untergeordnete Rolle ein. Ein weitaus wichtigerer Stellenwert hatte das Medium des Filmes.

Der Film

Es waren die Nationalsozialisten, die dem Propagandamedium Film ein neues Gesicht verliehen. Keiner vor ihnen produzierte so viel propagandistisches Filmmaterial und betrieb so viel Aufwand in der Produktion von Propagandafilmen. Die NSDAP setzte das Kino vor allem zur Konzentration und der Verbreitung des neuen Weltbildes ein. Der Film diente also zur Ideologisierung der breiten Masse. Goebbels schätze den Film immer schon als ein sehr wichtiges Propagandamittel ein und schenkte ihm immer viel Aufmerksamkeit. So vermerkt er einmal in seinem Tagebuch: «*Überhaupt ist der Film augenblicklich für uns ein sehr wertvolles Propagandamittel*»[36]. Aber diese Filme müssen immer auch noch konsumiert werden. Wer würde sich aber freiwillig einen Propagandafilme anschauen? Natürlich niemand, aber das geniale am Filmzensurkonzept der Nationalsozialisten war, dass trotz aller Vereinheitlichung und Zensur immer noch eine sehr bunte Filmlandschaft möglich war. Eine Filmlandschaft, die ein perfektes Versteck für Propagandastreifen darstellte. Nichtsdestotrotz wurden die normalen Filme immer noch

---

[36] (Goebbels, Die Tagebücher von Joseph Goebbels/ Teil I: Aufzeichnungen 1923-1924, 1998, S. 202)

viel besser besucht als Propagandaproduktionen. Aber das sicher nur, weil der Propagandafilm nicht in einer so grossen Vielfalt vertreten war, oder? Weit gefehlt, denn auch der Propagandafilm wiess eine grosse Bandbreite an verschiedenen Filmgenres auf. Da gab es beispielsweise das Genre des Propagandadokumentarfilms. Diese Filme stellten eine oft manipulative Inszenierung der Wirklichkeit dar. Ein manipulativer Schnitt und ein bewusstes in-Szene-setzen sind charakteristische Merkmale für diese Art von Propagandafilm. Zu diesem Film-Typ gehören die durch Leni Riefenstahl produzierten Olympiafilme oder Filmproduktionen wie *Der Ewige Jude*. Letzterer entstand zum Beispiel grösstenteils unter Zwang im Warschauer Getto. Die meist unmenschlichen Lebensbedingungen und schmutzigen Wohnräume des Gettos werden dem Zuschauer vom Kommentator aber als die normalen Lebensbedingungen der «jüdischen Rasse» ausgeschildert. «Es ist ein Dokumentarfilm, also müssen die Informationen doch stimmen», dachten sich wohl die Zuschauer. Dieses Beispiel zeigt sehr gut, wie schnell es zu einer geschickten Verdrehung von Fakten kommen kann. Neben den Dokumentarfilmen produzierte das NS-Regime aber auch 'normale' Spielfilme mit starkem propagandistischem Charakter. Das Repertoire der Nationalsozialisten reichte von kriegsverherrlichenden Spielfilmen wie *Stukas*[37] und *U-Boote westwärts* über ideologische Filme wie *Ich klage an*, in welchem es um die Legitimation der Tötung von Krüppeln geht, bis hin zu Filmen wie *Jud Süss*, bei denen ein

---

[37] Spielfilm über die Besatzung von deutschen Sturzkampfbombern

ganz klares Feindbild thematisiert wurde. Bei diesen Filmen ist die Propagandabotschaft auf sehr geschickte Art und Weise in die Rollenverteilung oder die Handlung eingeflochten. So geht es in Judd Süss um einen Juden, der sich gekonnt einschleicht, um dann alles ins Verderben zu stürzen. Ansonsten folgt der Film einer ganz normalen Dramaturgie, sodass man fast vergessen könnte, dass es ich um einen Propagandafilm handelt.

Neben den Dokumentarfilmen und den Spielfilmen produzierten die Nationalsozialisten noch ein weiteres propagandistisches Filmmedium: *Die Wochenschau*. Aber was war die *Wochenschau*? Bei der *Wochenschau* handelte es sich um eine Art Nachrichtensendung, die schon seit dem Ersten Weltkrieg fester Bestandteil des deutschen Kinoprogramms war. Vor dem jeweiligen Spielfilm lief die Wochenschau. Erst durch die Nationalsozialisten wurde die Wochenschau allerdings zum Propagandamittel. Besonders Goebbels legte grossen Wert auf das Format. So übernahm er dessen Produktion schlussendlich ganz und gar. Die Propaganda, und so auch die Wochenschau, diente vor dem Kriegsausbruch der Ideologisierung der Masse und im Krieg zur Gewinnung des Volkes für neue oder weitere Kriegspläne. So wurde insbesondere während des Krieges sehr viel Aufwand betrieben, um die Wochenschau authentisch zu gestalten. Etliche Szenen wurden nachproduziert und auch der Ton stammte oft nicht von der tatsächlichen Front. Auch sandte die NSDAP ganze Propagandakompanien aus, um das nötige Bild- und Tonmaterial an der Front sammeln zu können. Eine Vorgehensweise, die bis heute als *embedded journalism* genutzt wird (*aber dazu später mehr in Kapitel 4*). Alles mit dem Ziel, dem deutschen Volk eine perfekte Sicht der Front zu liefern und die Bürger ständig aufs Neue für den Krieg zu begeistern. Die *Wochenschau* wurde zum Sinnbild der propagandistischen Manipulation. Sie ist ein Monument der perfekten Inszenierung, wurde doch alles ganz bewusst in Szene gesetzt. Darüber hinaus erreichte sie auch die Leute, die sich nur einen normalen Spielfilm ansehen wollten.

Der Film, das Radio und die Presse wurden also sehr intensiv zur Betreibung von Propaganda genutzt. Es ist nun klar, wie es den Nationalsozialisten möglich war, ein ganzes Land unter ihre Kontrolle zu stellen und wie es Goebbels schaffte, die gesamte Presse, Film- und Radioindustrie zu unterwerfen. Des Weiteren sollte dieses Kapitel gezeigt haben, in wie viele Arten die verschiedenen Medien für Propagandazwecke eingesetzt werden können. Natürlich umfassten die Medien einen grossen Teil der Propagandamaschinerie der Nationalsozialisten, aber dennoch sind es längst nicht alle Mittel. Was hat es beispielsweise mit der so berühmten Rede auf sich?

2.2 Propagandamethodik und ihre Umsetzung in Bildern und Reden

Die mediale Propagandanutzung wurde nun zur Genüge betrachtet. Wo aber setzte die nationalsozialistische Propaganda an? Die Masse war ja sowohl für Goebbels als auch für Hitler auschlaggebend. Wie sorgte die NSDAP zum Beispiel dafür, dass diese Masse überhaupt entstehen konnte? Neben der Masse stellte aber auch das Führerprinzip einen wichtigen Grundpfeiler der nationalsozialistischen Herrschaft dar. Aber welche Rolle spielte der Führerkult für die Propaganda? Und auch der Judenhass und die Ablehnung der Kapitalisten und Bolschewisten entsprang nicht nur Hitlers verrückten neuen Weltbild. Nein, auch sie erfüllten einen ganz klar propagandistischen Nutzen. Alle diese Aspekte dienten den Nationalsozialisten immer wieder als Ansatzpunkt für ihre Propaganda. Sie waren der Treibstoff der grössten Waffe, die die NSDAP überhaupt besass: Der der Propaganda. Um das Verständnis dieser Methoden soll es in diesem Kapitel gehen. Und auch darum wie Hitler diese in seinen Reden umsetzte.

2.2.1 Propagandamethodik und ihre Umsetzung in Bildern

Bevor die einzelnen Grundmethoden der nationalsozialistischen Propaganda genauer betrachtet werden können, muss erst einmal klar sein, welche Methoden das überhaupt waren. Die Nationalsozialisten arbeiteten sowohl in ihrem Führungsstil als auch in ihrer Propaganda mit vier Grundprinzipien. Natürlich kamen je nach Propagandaziel noch weitere dazu, aber im Grundsatz nutzte fast jegliche Propaganda dar Nationalsozialisten eine oder mehrere der vier Methoden. Bei den vier handelt es sich einerseits um den Kollektivismus, also das Massengefühl. Andererseits arbeiteten die Nationalsozialisten bevorzugt mit Feindbildern, ein Umstand, der ihnen auch dabei half, die Masse immer wieder erneut abzugrenzen. Da es sich beim Dritten Reich um einen Führerstaat handelte, spielte also auch das Führerprinzip eine wichtige Rolle. Der vierte Aspekt stellt schliesslich der Militarismus dar. Immerhin war das nationalsozialistische Deutschland eine Militärdiktatur. Diese vier Aspekte ziehen sich wie ein roter Faden durch die nationalsozialistische Propaganda.

Der Kollektivismus

Wie aus den Grundsätzen der Propaganda von Goebbels und Hitler bereits hervorgegangen ist, nahm die Masse in der nationalsozialistischen Propaganda einen sehr wichtigen Stellenwert ein. Die Nationalsozialisten und vor allem Hitler waren wahre Meister in der Einflössung eines Gruppengefühls. Hier werden vor allem zwei Begriffe wichtig, der erste ist der *Klassenkampf*. Ein Begriff mit dem Hitler sehr gerne arbeitete. Der *Klassenkampf* steht für die Auseinandersetzung verschiedener Bevölkerungsklassen; die Armen wollen an die Macht und die Reichen diese möglichst behalten. Hitler behauptete immer wieder, dass dieser *Klassenkampf* nun vorbei sei. Endlich seien alle gleich und die verschiedenen Klassen müssten nicht mehr miteinander ringen. Genau an dieser Stelle kommt der zweite Begriff ins Spiel, denn Hitler musste das Volk nun erneut einen. Das erreicht er mit dem Begriff der *Volksgemeinschaft*. Diese schloss alle mit ein, vom Fabrikbesitzer bis hin zum einfachen Arbeiter. So haben die Nationalsozialisten eine neue Masse kreiert und gesellschaftliche Gegensätze scheinbar aufgehoben. Ausserdem förderten die Nationalsozialisten dieses neu entstandene Gruppengefühl ganz gezielt mit Institutionen wie der Hitler-Jugend und Massenveranstaltungen. Man sollte sich als Teil von etwas Stärkerem, etwas Grösserem fühlen. Gemeinschaft wurde grossgeschrieben, die Stärke in militärischen Paraden demonstriert. Zudem war es durch die nationalistischen Grundwerte möglich, eine sehr grosse Bandbreite von Leuten zu erreichen. Aber all diese Aspekte reichten nicht aus, denn es musste, den Mitgliedern der nationalsozialistischen Bewegung ein Gefühl des Auserwählt-seins zu vermitteln. Wie ginge das besser als mit gezielter Ausgrenzung und Rassismus?

Die Feindbilder

Dies bringt mich auf direktem Wege zur Funktion der Feindbilder. Diese dienten nämlich unter anderem zur Abgrenzung der Volksgemeinschaft. Es galt, sich gegen den Feind zu schützen. Die Volksgemeinschaft stellt hier den positiven Pol dar und die Juden und Bolschewisten oder Kapitalisten den Negativpol. Diese Methode knüpft also an das Schwarz/Weiss-Denken an. Aber war die Abgrenzung der Volksgemeinschaft längst nicht die einzige Rolle der 'Feinde'. Bevor diese aber betrachtet werden, muss erst die Vorgehensweise der Erzeugung eines Feindbildes genauer betrachtet werden. Auch hier arbeiteten die Nationalsozialisten nämlich mit einer starken Bildsprache. Wie erkennt man einen Juden? In den Worten der Nationalsozialisten: An einem stechenden Blick, der Hakennase und der flachen Stirn. Und wie erkennt man einen Bolschewisten? An seinem barbarischen Aussehen. Merkmale, die schon fast aus einem Kinderbilderbuch stammen könnten. Natürlich sind all diese Merkmale Schwachsinn, doch halfen sie den Nationalsozialisten, die Angst des Volkes gegenüber diesen 'Feinden' zu schüren. Und bald wurde die Deportation der Juden oder der Krieg gegen die

Russen nicht mehr hinterfragt. Zudem diente die Feindbild-Ideologie auch dazu, den Krieg gegen England und die USA zu rechtfertigen. Wer möchte sein Land schliesslich nicht gegen den barbarischen Bolschewisten oder den bösen kapitalistischen Amerikaner verteidigen? Diese Feindbild-Ideologie und der Fremdenhass waren also für die NSDAP sehr wichtige Propagandamethoden. Zwei der wichtigsten Grundlagen der nationalsozialistischen Propaganda sind damit abgedeckt. Aber wie schafften es die Nationalsozialisten, ein ganzes Volk zu unterwerfen und zu allzeitigem Gehorsam zu zwingen? Und warum war das Volk von dieser Bevormundung sogar noch begeistert?

Das Führerprinzip

Um dies zu verstehen, muss das Führerprinzip des Dritten Reiches betrachtet werden. Der Führer wurde während der ganzen Machtzeit der Nationalsozialisten immer zu einem Übermenschen stilisiert. Er wurde zum Messias des deutschen Volkes. Durch Ausschalten jeglicher Opponenten wurde der Ruf des Führers, also von Adolf Hitler, stets makellos und frei von Kritik gehalten. So blieb Hitler immer der Erretter. Hitler wurde zur gottesgleichen Figur, seine Entscheidungen bedurften keine Rechtfertigungen. Das war aber noch lange nicht alles, denn Hitler sollte nicht nur einen makellosen Ruf geniessen, nein, er sollte auch uneingeschränkte Befehlsgewalt gegenüber dem Volk besitzen. In anderen Diktaturen wurde dies grösstenteils durch Gewaltandrohungen erreicht. Dies geschah sicherlich auch teilweise in Deutschland, doch die Nationalsozialisten nutzen noch eine sehr viel raffiniertere Methode. Ein Führer ist ja bekanntlich nur ein Führer, weil er der Gruppe Entscheidungen abnimmt. Diese Unfähigkeit, Entscheidungen zu treffen, förderten die Nationalsozialisten sehr stark. Somit musste der Führer gar Nichts mehr befehlen, sondern das Volk war ihm sogar dankbar, dass er ihnen Entscheidungen abnahm. Er war der scheinbare Fels in der Brandung, er war es, der so vielen Deutschen Halt gab. Das Abhängigkeitsverhältnis war also sehr gross, dies auch deshalb, da seine Präsenz allgegenwertig war. So gab es neben seiner Medienpräsenz Hitlerbüsten und Hitler-Fotoalben bis hin zu Briefmarken mit seinem Antlitz. Ständig und überall war er da, um einer ganzen Nation Kraft zu schenken. Nur wenn der Führer immer unantastbar blieb, konnte der nationalsozialistische Staat weiterfunktionieren. Natürlich reichte es nicht aus, wenn Hitler einen Befehl erteilte und dieser dann nicht ausgeführt werden konnte. Deshalb musste die ganze Nation militarisiert werden.

Der Militarismus

Was ist mit dem Militarisieren der Bevölkerung gemeint? Die NSDAP rüstete schliesslich nicht jeden Zivilisten mit Gewehr und Bajonett aus. Mit dem Militarismus ist in diesem Falle viel mehr die militärische Hierarchie gemeint. Eine Hierarchie, die existieren musste, wenn Hitlers Befehle auch wirklich ausgeführt werden sollten. Das Volk wurde also nicht nur zur Unmündigkeit, sondern auch zu ständigem Gehorsam erzogen. Es galt, das hierarchische Militärsystem auf alle Lebensbereiche auszuweiten, nur so konnte die totale Kontrolle erreicht werden. Die Ideale eines Soldaten wurden zu den Idealen eines jeden Volksdeutschen. Aber die Propaganda wusste auch diesen Aspekt, der nichts anders als eine totale Unterdrückung darstellte, richtig zu verkaufen. So wurde diese Militarisierung zum Dienst für die Volksgemeinschaft. Viele Deutschen fühlten sich schon fast geehrt, dieser dienen zu dürfen. Der Militarismus hatte aber noch eine weitere wichtige Rolle, bereitete er doch Deutschland auf den Krieg vor. So wurde das Soldat-sein schon sehr früh verherrlicht und als ehrenvolle Tat propagiert. Sodass in einem zweiten Schritt der Krieg begonnen werden konnte.

Mit diesem letzten Punkt sind nun endlich die vier Grundpunkte der nationalistischen Propaganda behandelt worden. Grundaspekte bestehend aus der so wichtigen Masse, Feindbilder zur Rechtfertigung und Mobilisierung des Volkes für bestimmte Aktionen, einem Führerprinzip zur Stärkung der totalitären Herrschaft und einer starken Militarisierung zur besseren Kontrolle und Kriegsvorbereitung. Nach diesen grundlegenden Aspekten der nationalsozialistischen Propaganda sollte diese, nur noch in der Praxis erlebt werden. Zudem fehlt immer noch ein wichtiges Propagandamittel: Ein Propagandamittel, das Adolf Hitler beherrschte wie vor und nach ihm kein anderer. Es geht um die Rede. Wie schaffte es Hitler, einzig durch Reden ein ganzes Volk zu überzeugen?

2.2.2 Die Macht der Rhetorik
Die Rede nimmt nicht nur bei Hitler, sondern vielmehr im Faschismus selbst eine sehr wichtige Rolle ein. Sie ist es, die den Charakter der nationalsozialistischen Propaganda so gut wiederspeigelt wie kein anderes Medium. Es ist

auch die Rede, die den Erfolgszug der nationalsozialistischen Propaganda einläutete. Sie war es, die hunderte bis tausende in Hallen und Stadien zog, nur um Hitlers Worten zu lauschen. Wie bereits im Kapitel 4 des ersten Buchteils angetönt, entfaltete eine Botschaft erst durch die richtige Vortragsweise ihre volle Wirkung. Hitler wurde zum Meister dieser Vortragsweise, er war es, der mit seiner Rede das nationalsozialistische Gedankengut im Volk säte. Wie bauten sich die Reden Hitlers auf? Welchen Zweck erfüllten sie im Propagandakonzept?

Um die faschistische Rede als solches zu verstehen, muss in einem ersten Schritt ihre Funktion etwas genauer betrachtet werden. Die faschistische Rede verfolgte nämlich zwei grundlegende Ziele: Zum einen diente die Rede der Festigung des schon betrachteten Führerkultes. Die Reden im Nationalsozialismus waren nämlich nicht nur einfache Reden. Sie waren wahre Selbstverherrlichungen. Der Schauplatz, der Rednerpult, der Auftritt – alles war bis ins kleinste Detail geplant. Das Ganze nur, um den Führerkult zu rechtefertigen und den Führer oder den Redner perfekt in Szene zu setzen. Das zweite Ziel war die Förderung des Gruppen- und Massengefühls. Auch dafür war die Rede mit ihrem oft grossen Publikum perfekt geeignet. Die Stimmung während einer nationalsozialistischen Rede war wahrscheinlich schon fast mit der an einem Rockkonzert zu vergleichen. Natürlich wird Hitler nicht zum Klatschen im Einklang aufgerufen haben, doch werden tausende Hände gleichzeitig zum Hitlergruss erhoben worden sein. Der Effekt bleibt aber genau derselbe. Plötzlich war das Publikum Teil vom etwas Grösserem. Natürlich wurde der

Kollektivismus auch in der Rede selbst aufgegriffen. Das Gruppengefühl war nahezu perfekt. Oder wie es Hitler in *Mein Kampf* ausdrückte: «*Der Mann, der zweifelnd und schwankend eine solche Versammlung betritt, verlässt sie innerlich gefestigt: er ist zum Glied einer Gemeinschaft geworden[38]*». Natürlich erfüllte jede Rede neben diesen zwei Grundfunktionen immer noch ihren individuellen Zweck. Neben dem Ziel waren alle nationalsozialistischen Reden sehr ähnlich aufgebaut und folgten ähnlichen Grundsätzen. Aber was waren diese Grundsätze?

Die Nationalsozialisten begriffen schon sehr früh, dass ihre Propaganda die Missstände aufnehmen musste, um erfolgreich zu sein. Ein Prinzip, das bereits im ersten Teil dieses Buches thematisiert wurde und so auch Anwendung in der nationalsozialistischen Rede findet. Die Reden knüpften nämlich andauernd an Themen wie Massenarbeitslosigkeit, Armut usw. an. Ausserdem versprach der Redner immer, diese aufzuheben.

Ein weiteres Prinzip, das ebenfalls schon bekannt ist und dass die Rede auch erneut aufgreift, ist die Erzeugung von Emotionen. Hitler und Goebbels zielten immer darauf ab, ihr Publikum zu erregen und an ihre Ängste anzuknüpfen. Damit wurde das kritische und rationale Denken bewusst ausgeschaltet. So ist eine Rede nur dann gut, wenn das Publikum auch wirklich erregt wird. Darüber hinaus spielte auch die Wiederholung eine wichtige Rolle. So konzentrierten sich Hitlers Reden immer nur auf ein, zwei

---

[38] (Hitler, Hitler, Mein Kampf: Eine Kritische Edition, 2016, S. 1221)

grundlegende Thesen und diese wiederholte er immer und immer wieder, in verschiedenster Weise. Aber selbst, wenn all diese Prinzipen befolgt wurden, herrschte immer noch eine zu grosse Differenz zwischen Redner und Publikum. Wie lösten die Nationalsozialisten dieses Problem? Wie wurde Hitler zu einem von ihnen?

Auch auf diese Fragen hatte die faschistische Rede eine einfache Antwort: Zum einen passte der Redner seine Rede immer seinem Publikum an. So arbeitete Hitler beispielsweise in einer Rede vor Fabrikarbeitern mit sehr vielen Arbeitsmetaphern, mit denen sich die Arbeiter identifizieren konnten. Zum anderen wurde die Distanz zwischen Redner und Publikum durch das Einbauen von persönlichen Details aufgehoben. Details, die den Redner wie einen Mann des Volkes erscheinen liessen. So sprach vor allem Hitler gerne von seien Ängsten und Leiden. Diese Details liessen ihn plötzlich verwundbar, ja fast schon wie einen normalen Bürger erscheinen. Und so wurde aus einem gottähnlichen Redner plötzlich ein Volksmann. Schliesslich und endlich enthielten alle Reden immer auch Gewaltandrohungen gegenüber jeglichen Feinden des Nationalsozialismus. Die Rede dienten auch fortwährend zur Herrschaftsrechtfertigung der Nationalsozialisten. Vor allem die letzten zwei Punkte dienten als zusätzliche Propagandaabsicherung. Sie sorgten dafür, dass auch die letzten Zweifler umgestimmt wurden und festigten somit die totalitäre Herrschaft der NSDAP und Hitlers. Ein letzter Umstand, den es hier noch zu erwähnen gilt, ist, dass vor allem Hitler es nie vergass, seine Schlussfolgerung im

Verlaufe der Rede sehr sorgfältig zu entwickeln. So erreichte er einerseits, dass sie auch wirklich jeder verstand und andererseits entstand beim Publikum so dass Gefühl, es sei selbst auf diese Schlussfolgerung gekommen. Mit diesem letzten Punkt schliesst dieses Kapitel ab, da hiermit auch die nationalsozialistische Rede zur Genüge beleuchtet wurde.

Das Behandelte sollte einen umfassenden Einblick in die nationalsozialistische Propaganda ermöglicht haben. Es sollte nun klar sein, wie die Nationalsozialisten die Theorie in die Praxis umgewandelt haben. Wie sie es schafften, mit ihrer Propaganda ein ganzes Volk zu unterwerfen. Nach diesem Kapitel kann wirklich gesagt werden, die nationalsozialistische Propaganda wirklich ein Meilenstein in dem Handwerk der Beeinflussung darstellte. Niemand vor ihnen nutze das Mittel der Propaganda so ausgiebig und effektiv wie es die NSDAP getan hat. Doch wie effektiv war sie wirklich? Wurden die Nationalsozialisten wirklich nur aufgrund ihrer Propaganda gewählt? Gab es andere Faktoren? Und welchen Stellenwert nahm die Propaganda bei ihrer Machtübername ein?

Die Grenzen der Manipulation:
Wie effektiv war die NS-Propaganda wirklich?

Obwohl die nationalsozialistische Propaganda an diesem Punkt eingehend behandelt wurde, bleibt dennoch eine wichtige Frage offen: Wie effektiv was die Propaganda der NSDAP wirklich? Trotz lückenloser Umsetzung des Propagandakonzepts kannte auch sie Grenzen. War die Wichtigkeit, die Goebbels der Propaganda zumass, wirklich gerechtfertigt? An diesem Punkt sollte, zwischen derjenigen Propaganda vor und derjenigen nach der Machtübernahme unterschieden werden. So stellte die Wahlpropaganda der NSDAP eine ganz andere dar, als diejenige, die später zur Ideologisierung und Steuerung eines ganzen Volkes eingesetzt wurde. Das heisst nicht, dass der Wahlpropaganda ein kleinerer Stellenwert zugemutet werden sollte. Immerhin schuf sie den anfänglichen Wahlerfolg und damit den eigentlichen Weg für die nationalsozialistische Diktatur. Des Weiteren muss die Frage geklärt werden, wie effektiv die Propaganda nach der Machtübernahme war. Wie weit konnte die Ideologisierung dank der allgegenwärtigen Propagandapräsenz reichen?

3.1 Wie ausschlaggebend war die Propaganda der NSDAP für deren Wahlerfolg?

Waren die Nationalsozialisten bei den Weimarer Wahlen wirklich nur aufgrund ihrer Propaganda so erfolgreich?

War es möglich, mit Hilfe der Propaganda eine ganze Wahl zu manipulieren? Dies sind Fragen, die sich sehr schnell stellen, wenn man den Erfolgszug der NSDAP etwas genauer betrachtet. Weniger schnell ist jedoch eine Antwort auf all diese Fragen zu finden. Es gab so viele andere Faktoren, die hier hineinspielten und die es neben der Propaganda zu beachten gilt. Das grösste Problem ist, dass sich die Anzahl konsumierter Propaganda nur sehr schwer messen lässt. Gerade ihr manipulativer und undurchsichtiger Charakter macht es so schwierig, eine genaue Aussage über ihre Effektivität fällen zu können. Dennoch liefert Dieter Ohr in seinem Buch *Nationalsozialistische Propaganda und Weimarer Wahlen* einige sehr signifikante Aussagen.[39] Ohr betrachtet vor allem den Zusammenhang der nationalsozialistischen Versammlungsaktivität und dem Wahlerfolg. Er stellte fest, dass mit der Intensität der Versammlungsaktivität der Nationalsozialisten auch deren Wahlerfolge stiegen. Dies ist aber nur logisch, in dem Sinne, dass mehr Anhänger auch zu mehr Wählern führt. Was viel interessanter ist, ist, dass mit der Versammlungsaktivität eben auch die Wahlbeteiligung stieg. Das heisst, dass die Propaganda der Nationalsozialisten vor allem den Vorteil hatte, sehr viele unentschlos-

---

[39] Hier ist es wichtig zu beachten das die meisten Informationen für das Kapitel aus Ohrs Buch (Ohr, 1997) sowie aus Marion Klotzs Buch «*Der Einfluss der nationalsozialistischen Propaganda auf den Aufstieg der NSDAP*» stammen (Klotz, 2005), diese wurden aber in einem Interview mit dem Masterstudenten in Politik und Verwaltungswissenschaften Linus Peter analysiert. Somit war es möglich, trotz weniger Quellen zu einem verhältnismässig aussagekräftigen Schluss zu kommen.

sene Wähler auf ihre Seite zu ziehen. Wähler, die sich ansonsten gar nicht an der Wahl beteiligt hätten. Dabei hilft es aber auch zu wissen, dass zu dieser Zeit die Parteitreue nicht besonders stark ausgeprägt war. Darüber hinaus sind laut Ohr viele Wähler grundsätzlich 'faul' und wollen sich möglichst beiläufig und mit geringem Aufwand über politische Begebenheiten informieren. Ein Weg, dieses Ziel zu erreichen, fanden viele Bürger der Weimarer Republik in der nationalsozialistischen Propaganda. Diese erlaubte es nämlich vielen 'faulen' Wählern, die Wahllandschaft ganz einfach in Gut und Böse einzuteilen. Die Nationalsozialisten verknüpften ihre politischen Versammlungen obendrein oft mit Freizeitaktivitäten, wie beispielsweise Feiern zur Sonnenwende. Der Nationalsozialismus sollte nicht bloss als eine politische Orientierung, sondern als eine Lebensphilosophie wahrgenommen werden.

Aber selbst auf die unentschlossenen Wähler musste die Propaganda immer noch ansprechend wirken. Wie schaffte es die NSDAP das? Die Antwort liegt in den Argumenten und der Positionierung der NSDAP. Wie der Name der Nationalsozialisten schon zeigt, appellierten ihre Argumente und Propagandabotschaften hauptsächlich an das nationalistische Wählerlager. Dennoch sprachen ihre Argumente auch sehr viele andere Wählergruppen an, so zum Beispiel die Anti-Kommunistische. Aber auch bei Wählern, die gegen den Vertrag von Versailles oder das Weimarer System waren, das gar nicht funktionierte, kamen die Argumenten der NSDAP gut an.

Das bringt mich direkt zu einem weiteren wichtigen Umstand für den Erfolgszug der Nationalsozialisten: Die Weimarer Republik stand zur Zeit der NSDAP kurz vor dem Kollaps. Das System schaffte es nicht, die herrschenden Missstände aufzuheben und ihre Versprechen, die Situation für das Volk zu verbessern, zu halten. Dieser Umstand lieferte der NSDAP eine perfekte Ausganslage für ihre Propaganda. Sie konnten sich nämlich als neue Partei bewusst von allen Fehlern der Weimarer Systems distanzieren. Darüber hinaus konnte die NSDAP versprechen, alles besser zu machen, da sie sich als die wahren Vertreter des Deutschen Volkes ausgaben. Zwei Haupteigenstrategien, die laut Linus Peter sogar heute noch von vielen rechtspopulistischen Parteien angewandt werden. Er betont auch, dass nach Wirtschaftskrisen auch heute noch vermehrt populistisch oder gar extremistisch gewählt werde, wobei rechte Parteien vergleichsweise oft profitieren würden. Ein Umstand, den sicherlich auch die NSDAP ausgenutzt hat.

Aber nur weil sich die Nationalsozialisten als Problemlöser darstellten, heisst das doch nicht automatisch, dass die Menschen ihnen auch Glauben schenkten, oder? Normalerweise stimmt das; nicht aber in diesem speziellen Fall. Warum? Aufgrund der schon früher behandelten *Idealisierung*. Im damaligen Deutschland herrschten sehr grosse Missstände. Neben einem nicht funktionierenden politischen System waren die Arbeitslosenzahlen sehr hoch und die Deutschen litten immer noch unter dem Versailler Vertrag[40]. Genau an diese Missstände knüpfte Hitler an und die Deutschen glaubten ihm, nicht weil sie es wollten, nein weil sie keine andere Alternative hatten. So viele andere Parteien hatten schon auf so viele verschiedene Weisen versucht, die vorherrschenden Missstände aufzuheben und waren gescheitert. Die NSDAP stellte also für zahlreiche Wähler so etwas wie eine letzte Hoffnung dar. Natürlich wurde den Versprechungen der Nationalsozialisten nur Glauben geschenkt, weil diese den Eindruck erweckten, sie halten zu können. Und genau hier wird die Propaganda wieder ungemein wichtig: Sie zielte nämlich darauf ab, das Image der NSDAP ungemein zu steigern. So wiesen die Nationalsozialisten zu jener Zeit die höchste Parteipräsenz überhaupt auf. All die Propagandabemühungen, Reden und Veranstaltungen trugen dazu bei, die NSDAP als einzige Partei darzustellen, die wirklich zu handeln bereit war.

Deshalb ist es nicht verwunderlich, dass Ohr die Versammlungspropaganda als eines der effektivstes Propagandamittel der Nationalsozialisten einschätzt. Das beweist er in einer Studie, die einige sehr interessante Aspekte feststellt. Zum einen, dass sich die Intensität der Versammlungsaktivität positiv auf die Wahlergebnisse der NSDAP auswirkte, aber auch, dass dieser Effekt nur bis ins Jahr 1932 anhielt. Ein Aspekt, der sich mit dem Um-

---

[40] Der riesige Gebietsverlust sowie die Kriegsschulden und die darauffolgenden Sanktionen rissen ein grosses Loch in die deutsche Staatskasse und setzen der deutschen Wirtschaft stark zu.

stand erklären lässt, dass die Nationalsozialisten ihr Wählerpotential zu diesem Zeitpunkt fast ganz ausgeschöpft hatten. Des Weiteren fand Ohr heraus, dass die Versammlungspropaganda umso besser funktionierte, je höher das nationalsozialistische Potential in einem Wahlkreis war. Die Propaganda folgte hier also dem Hovlandschen Wirkungsmodell und verstärkte bereits vorhandenen Meinungen.

Es war sicherlich nicht ausschliesslich die Propaganda, welche die Nationalsozialisten so erfolgreich machte. Was aber dennoch gesagt werden kann ist, dass die Propaganda eine nicht zu unterschätzende Rolle in deren Erfolgsgeschichte gespielt hat. Aufgrund der betrachteten Umstände kann das Fazit gezogen werden, dass die Nationalsozialisten mit ihren Forderungen und ihrer Propaganda vor allem eines taten: Sie trafen den Nerv der Zeit. Ausserdem waren sie zum richtigen Zeitpunkt am richtigen Ort. Viele der äusseren, im ersten Buchteil betrachteten Umstände, waren vorhanden und spielten den Nationalsozialisten perfekt in die Karten. Ebenso wie der kurz bevorstehende Kollaps der Weimarer Republik. Ohne die imagefördernde Propaganda hätte man ihnen aber wohl kaum geglaubt. Zusätzlich war es nur durch die Propaganda möglich, das gesamte Wählerpotential der NSDAP vollends auszuschöpfen. Es war der Propaganda zwar auch damals nicht möglich eine Meinung ins totale Gegenteil zu verkehren, dennoch wirkte die Propaganda der NSDAP, auch aufgrund ihrer guten Positionierung, auf sehr viele Leute ansprechend. Und nur die Propaganda schaffte es, so viele unentschlossenen Wähler auf die Seite der NSDAP zu ziehen.

Die Propagandaeffizienz der Nationalsozialisten war zu dieser Zeit also nur begrenzt gegeben. Ein Umstand der sich nach der Machtübernahme sehr schnell ändern sollte.

3.2 Wie effektiv war die Propaganda der NSDAP nach der Machtübernahme?

Die Effektivität der nationalsozialistischen Propaganda während der freien Weimarer Republik war eine Sache, die in der nationalsozialistischen Diktatur eine ganz andere. Hatte man im der Weimarer Republik noch eine Wahl, ob man sich mit dem nationalsozialistischen Gedankengut auseinandersetze oder nicht, war es mit dieser Freiheit nach der Machtübernahme bald vorbei. Wie bereits im vorangegangenen Kapitel betont, war man ständig und immer davon umgeben. Doch welchen Einfluss hatte die Allgegenwärtigkeit des nationalsozialistischen Gedankenguts auf die Effektivität der Propaganda? Nach der Machtübernahme erfüllte die NSDAP auch noch den letzten Umstand für gut funktionierende Propaganda: Es war endlich möglich, alle kontroversen Informationen auszumerzen und jegliche nationalsozialistischen Botschaften zum ständigen Begleiter des Volkes zu machen. Natürlich steigerten diese zusätzlichen Umstände auch die Effizenz der Propaganda ungemein. Dennoch gab es Bereiche der Propaganda, die weniger gut und solche, die besser funktionierten.

Ein Bereich, an dem Goebbels mehr als einmal scheiterte, war die öffentliche Stimmung. Diese liess sich nämlich zeitlebens nur sehr begrenzt durch Propaganda beeinflussen und richtete sich fast ausschliesslich nach äusseren Umständen. Dabei handelt es sich vor allem zu Kriegszeiten um die jeweilige Versorgungslage. War diese gut, waren die Leute 'glücklich'. Ansonsten stand es um die öffentliche Stimmung schlecht. Daran konnte weder Goebbels noch sein ganzes Propagandaministerium etwas ändern. Zudem funktionierte die nationalsozialistische Propaganda nur dann gut, wenn ihr auch Taten folgten. War dem nicht so, führte es direkt zu einem Glaubwürdigkeitsproblem, das wiederum die Effektivität stark hemmte.

Die nationalsozialistische Propaganda war aber abgesehen davon – vor allem in ihrer Langzeitwirkung – sehr effektiv. Was ist hier mit einer Langzeitwirkung gemeint? Damit ist gemeint, dass die Nationalsozialisten es mit ihrer allgegenwärtigen Propaganda schafften, das Weltbild einer ganzen Nation zu verändern. Sie schafften es, ein ganzes Volk zur Regimetreue zu erziehen. Die Propaganda verankerte auch die Treue zum Führer nachhaltig in der Psyche eines Grossteils der Deutschen. Das war mitunter auch der Grund für den Durchhaltewahn des deutschen Volkes. Die Propaganda hatte es geschafft, eine ganze Nation dazu zu bringen, in einem immer aussichtsloseren Krieg weiterzukämpfen. Alles allein aus dem Grund, weil der Führer es so wollte. Das Vertrauen des Volkes in seine Urteilskraft war durch die Propaganda schier grenzenlos geworden. Das gleiche geht auch aus einem Tagebuchzitat Goebbels hervor. Er schreibt: «*Sonst spricht der Bericht der Reichspropagandaämter von einer ausserordentlich festen Haltung des deutschen Volkes. Man sei bereit, für den Sieg jedes, aber auch jedes Opfer zu bringen»*[41]. Die Propaganda hatte es also geschafft, einer ganzen Nation die Idee, der Führer sei über jeden Zweifel erhaben, einzupflanzen. Das Ganze reichte so tief, dass sich diese Idee selbst viele Jahre nach dem Nationalsozialismus nicht aufgelöst hatte. So erinnert sich mein Grossvater, dass seine Eltern, die im nationalsozialistischen Deutschland aufgewachsen waren, zeitlebens nie und dass betont er, wirklich nie schlecht über Hitler sprachen. Das Ganze, obwohl sie sich mittlerweile über seine schrecklichen Taten im Klaren waren. Der Führerkult hatte sich langfristig mit ihren Grundwerten verbunden und war dort nie mehr verschwunden. Dies zeigt, wie erschreckend effektiv die Propaganda der NSDAP war. Ein weiterer Aspekt, den die nationalsozialistische Propaganda sehr nachhaltig in den Köpfen der Menschen verankert hatte, waren die der Feindbilder. So galt es vielen Deutschen als oberstes Gebot, das Dritte Reich um jeden Preis vor den «barbarischen Bolschewisten» zu verteidigen. So hielt der Durchhaltewahn selbst nach Hitlers Selbstmord noch an. Und viele Soldaten und Bürger versuchten, Berlin um jeden Preis zu halten. Die nationalsozialistische Propaganda war also vor allem im Bereich der Ideologisierung der Masse sehr erfolgreich. So zeigt das Beispiel meiner Urgrosseltern sehr gut, dass einig Jahre der intensiven Propagandaaussetzung

---

[41] (Goebbels, Die Tagebücher von Joseph Goebbels/ Teil II: Diktate 1941-1945, 1998, S. 488)

genügt hatten, um ihr Weltbild für ein ganzes Leben nachhaltig zu prägen. War die Ideologie erst einmal geändert, erlaubte das den Nationalsozialisten, in einem zweiten Schritt ihre Propaganda darauf aufzubauen. Und gerade die Änderung der Ideologie stellt einen der gefährlichsten Aspekte der Propaganda dar: Durch das Einflössen eines neuen Weltbildes akzeptierten die Deutschen plötzlich Deportationen von Freunden und Bekannten, durch die Änderung der Ideologie wurde ein erneuter Weltkrieg angezettelt und durch das neue Gedankengut schaffte es ein Mann wie Adolf Hitler, eine ganze Nation irrezuführen. Es ist ausschlaggebend zu verhindern, dass es ein zweites Mal so weit kommen kann und die Ideologien von Menschen und Massen für immer auf die schiefe Bahn geführt werden. Mit diesem Kapitel soll dem Nationalsozialismus der Rücken gekehrt werden. Die Nationalsozilisten stellten ein Paradebeispiel dar, wie effektiv und wie weit gut betriebene Propaganda reichen kann. Sie haben gezeigt, dass es schneller zur geistigen Unterwerfung eines ganzen Volkes kommen kann, als es einem lieb ist. Sie haben ausserdem verdeutlicht, wie nachhaltig das Weltbild und das Gedankengut eines jeden Menschen verändert werden kann, bereits durch wenige Jahre intensiver Propagandaaussetzung. Gedankengut, dass einen Menschen plötzlich zur Marionette werden lässt und ihn zu Taten zwingen kann, die er alleine nie getan hätte.

4 Von der Wahlkampagne bis zum Irakkrieg:
Propaganda heute

Dieses Buch hat in der Gegenwart begonnen und soll auch wieder in ihr enden. Obwohl in der Einführung die alltäglichen Gesichter der Propaganda schon einmal genauer beleuchtet wurden, muss der Blick erneut auf diesen Sektor gelenkt werden. Die Sicht ist jetzt jedoch ein ganz andere als zu Beginn des Buches. Es ist jetzt ein viel stärker geschärfter, ein viel geübterer Blick. Die Propaganda wird nun verstanden und erkannt. Dieses Kapitel wird ein letztes Mal zur heutigen Identität der Propaganda zurückkehren und aufzeigen, zu was sie sich, vor allem im politischen Bereich, gewandelt hat und welche Gefahr bis heute von ihr ausgeht. Es gilt zu verhindern, dass ein zweites NSDAP-Szenario entsteht. Obwohl die westliche Welt eine demokratische und freie ist, kommt es immer noch zu manipulativen Verdrehungen der Wirklichkeit. Hierzu reicht es beispielsweise aus, das Augenmerk auf den Irakkrieg oder die Wahlkampagnen der deutschen AFD zu richten.

4.1 Wie Propaganda heute zu verstehen ist

Das Wesen der Wirtschaftswerbung wurde in der Einführung zur Genüge betrachtet. Obwohl sie sehr wohl mit der

Propaganda verwandt ist, stellt sie dennoch nicht den direkten Nachfolger dieser dar. Propaganda ist und bleibt politisch orientiert. Zu was hat sich dieses Massenbeeinflussungsmittel also gewandelt? Wo ist ihr Gesicht in der Politik bis heute erkennbar? Was früher Propaganda war, ist heute unter dem Namen der *Public Affairs* bekannt. Dieser Zweig umfasst die Bereiche des Lobbyings, also der Interessenvertretung im Parlament und die Anfertigung von Kampagnen. Zusätzlich schliesst sie noch die Langzeitberatung in diesem Bereich mit ein. Einige Aspekte haben sich verändert, andere sind gleichgeblieben. Wie musste sich die Propaganda aber anpassen, damit sie in einer grösstenteils demokratischen Welt überleben konnte?

Im Bereich der Publik Affairs sollte insbesondere den Teil der Kampagnen etwas genauer betrachtet werden, denn dieser hat sich kaum verändert. Damals wie heute ist es das Ziel einer Kampagne, eine Wahl oder eine Abstimmung zu gewinnen. Es ist und bleibt die Mehrheit, die erreicht werden soll. Das war früher so, es ist heute so und es wird wahrscheinlich auch lange noch so bleiben. Bevor der Blick aber auf weitere Gemeinsamkeiten zwischen Gegenwart und Vergangenheit gerichtet werden kann, muss betont werden, dass nicht jede Kampagne heutzutage eine manipulative Komponente enthalten muss. Deshalb bemerkt Grunder im Interview, dass Meltzkes Definition der Propaganda seiner Meinung nach seine Arbeit nach wie vor sehr gut umschreibt, da diese sehr wertneutral ist. Er nennt im Interview aber auch Beispiele, die aus seiner Sicht sehr wohl die negative Bezeichnung der Propaganda verdienenden (*dazu später mehr*). Kampagnen sind also nicht zwingend manipulativ wie das noch zu nationalsozialistischen Zeiten der Fall war. Was ist aber gleichgeblieben? Hitler und Goebbels' Prinzipien haben leider bis heute ein hohes Erfolgspotential. So stehen die Plakativität, die Einfachheit und die Zuspitzung heute noch im Zentrum der Propaganda. Und auch den verwendeten Mitteln bleiben Macher zeitgenössischer Kampagnen grösstenteils treu. Die Zeitung, das Plakat und Events sind nach wie vor sehr verbreitet, um den Mehrheitsentscheid zu erlangen. Natürlich sind aber vor allem aufgrund des Internets die Möglichkeiten unendlich viel grösser geworden. Wurde zu Zeiten der NSDAP ein einziges Plakat für das gesamte Volk produziert, kann man heute viel spezifischer vorgehen. So ist das Individualisieren von Kampagnen heutzutage viel ausgeprägter, als das noch vor hundert Jahren der Fall war. Das betrachtete *Tracking*, die zugeschnittenen Webseiten und personalisierte Werbebanner sind nur einige Beispiele dafür. Auch hat sich der Prozess der Propaganda etwas erweitert. Endete Goebbels' Arbeit, nachdem das Plakat oder die Zeitung gedruckt war, ist die Arbeit an diesem Punkt heutzutage längst nicht getan. Das Plakat wird vielmehr stetig angepasst. Des Weiteren unterliegen die zeitgenössischen Kampagnen mehr Regelungen und Vorschriften als früher. Diese Regeln weisen von Land zu Land grosse Unterschiede auf. So ist es in der Schweiz beispielsweise verboten, jegliche politischen Kampagnen auf öffentlichen Radio- und Fernsehsendern zu betreiben. Ein Umstand, der die Kampagneneffizienz im Gegensatz zu den in den nationalsozialistischen Zeiten stark hemmt. Ausserdem ist es heutzutage für die Betreiber politischer Werbung sehr viel schwieriger, den Endkonsumenten überhaupt zu erreichen. Obwohl wir es nicht merken, haben wir uns aufgrund des allgegenwärtigen Nachrichtenstroms eine gewisse Resistenz gegenüber Werbung zugelegt. Wir nehmen also nur das wahr, was für uns relevant ist. Der Rest wird herausgefiltert. Dennoch scheinen bei vielen Personen auch trotz der Nachrichtenresistenz immer noch genug Beeinflussungen durchzudringen. Eine Tatsache, die sich ebenfalls bis heute nicht geändert hat ist, wie weit man es mit gut funktionierender Propaganda und einer guten Kampagne schaffen kann. So ist Grunder davon überzeugt, dass es ein Politiker in der Schweiz mit einer guten Kampagne bis in den Nationalrat schaffen könne.[42] Gleichzeitig hält er es aber auch für unmöglich, auf die gleiche Weise bis in den Bundesrat zu kommen. Auf dieser Ebene sei der Wahlerfolg einfach zusätzlich von zu vielen äusseren, nicht beeinflussbaren Faktoren abhängig. Die Umstände müssen also nach wie vor stimmen.

Die Propaganda hat sich zwar sehr wohl angepasst, sie ist aber im Grundsatz gleichgeblieben. Es muss aber auch angemerkt werden, dass Kampagnen und andere politische

---

[42] Das Schweizer Parlament und somit die Legislative der Schweiz besteht aus zwei Kammern. Zum einem aus dem *Nationalrat*, dieser wird von allen wahlberechtigten Bürgern der Schweiz gewählt und vertritt das ganze Volk. Die zweite Kammer stellt der *Ständerat* dar, dieser wird ebenfalls gewählt und vertritt die 26 Kantone (Verwaltungsebenen) der Schweiz. Diese zwei Kammern bilden die Bundesversammlung, welche wiederum den *Bundesrat,* der die Exekutive der Schweiz darstellt, wählen.

Werbungen heutzutage meist ganz klar also solche gekennzeichnet sind und auch klaren gesetzlichen Regulationen unterliegen. Dennoch ist und bleibt politische Kommunikation ein Mittel zur Steuerung und Beeinflussung der breiten Masse. Auch hat sich die Propaganda natürlich an die neuen Umstände angepasst und weisst in manchen Fällen immer noch eine sehr hohe Effektivität auf. Wer denkt, dass Manipulationen in diesem Bereich eine Seltenheit darstellen, den muss ich hier enttäuschen. Leider gibt es nach wie vor Beispiele, die die Meinungen eines jeden auf eine sehr manipulative Weise zu beeinflussen versuchen.

4.2 Die Gefahr, die bis heute von Propaganda ausgeht

Die Nationalsozialisten schafften es mit ihrer Propaganda, ein ganzes Volk auf die schiefe Bahn zu führen. Wir sprechen von den Deutschen, dem Volk der Dichter und Denker. Das Volk Goethes und Schillers. «Aber das ist doch nicht möglich. Es waren doch nur die äusseren Umstände, die es für die Nationalsozialisten erreichbar gemacht hatten, eine ganze Nation geistig zu missbrauchen. Heutzutage sind wir frei und es wäre doch nie mehr möglich, eine so starke Informationskontrolle zu betreiben. Jeder kann sich doch alle Informationen selbst beschaffen.». Solche Gedanken mögen jetzt bei den Lesenden aufkommen. Aber stimmen diese Annahmen? Ist es in unserer Zeit wirklich nicht mehr möglich, einer ganzen Nation etwas vorzumachen, oder einer Gruppe von Menschen ein neues Weltbild aufzuzwingen?

Es reicht, den Blick nach Nordkorea oder auf eine der unzähligen Sekten zu richten, die es nach wie vor gibt, um diese Frage zu beantworten. Die Fähigkeit, kritisch zu denken und vor allem das eigene Weltbild stetig zu hinterfragen, muss immer noch erlernt werden. Wächst man in einem Umfeld auf, dass dieses Vermögen nicht fördert, wird man später auch nicht fähig sein, diese für sich zu nutzen. Viel mehr wird alles so zurechtgebogen, bis es sich mit dem eigenen Weltbild vereinen lässt. Dies ist mitunter auch der Grund, warum viele Verschwörungstheoretiker jeden rationalen Beweis bewusst übergehen und nur das sehen, was sie sehen wollen oder können. Ihre Verschwörungstheorie wurde zum Weltbild. Der scheinbare kritische Denkansatz dieser Menschen ist also oft alles andere als kritisch. Vielmehr handelt es sich hierbei und die Wirkung der Verschwörungspropaganda, die sie dazu bringt, alles zu übergehen, dass ihrer Idee widerspricht. Die manipulative Propaganda spiegelt sich aber nicht nur in dem Gedankengut von Verschwörungstheoretikern wider, sondern ist sogar in Demokratien nach wie vor präsent. Eines der für mich erschreckendsten Beispiele stellen Wahlplakate der AFD dar. Plakate, bei denen man sich schon fast in nationalsozialistische Zeiten zurückversetzt fühlt. Grunder verweist im Interview auf ein Beispiel, dass drei junge Frauen in Bikinis zeigt, darunter der Spruch: «Burkas? Wir steh'n auf Bikinis». Was hat dieses Statement mit seriöser Politik zu tun? Nichts, dennoch wird die Argumentation ihre Wirkung nicht verfehlen. Die männlichen Wähler sollen die AFD nämlich mit Frauen in Bikinis, mit etwas Gutem verbinden. Aber nur, weil die Burka verboten wird, tragen nicht gleich alle Frauen Bikinis. Soweit wird aber oft gar nicht überlegt. Die Manipulation ist komplett. Und das ist ein verhältnismässig unbedeutendes und harmloses Beispiel. Es reicht, ein Jahrzehnt zurückzublicken und schon hat man ein weiteres zeitgenössisches Propagandabeispiel vor sich, dessen Ausmass fast nicht zu glauben ist: Ich spreche vom Irakkrieg. Er stellt dasjenige Beispiel dar, das zeigt, dass Propaganda sehr wohl auch heutzutage noch möglich ist.

Während der beiden Irakkriege wurde sowohl vom Irak als auch von den USA tonnenweise Propaganda betrieben. Die westliche Welt wurde hierbei vor allem von der Propaganda der USA bedient, und nahm den Irak darum als die 'böse' Partei war. Für dieses Feindbild des Iraks war vor allem eine Technik sehr wichtig. Eine Technik, die bereits die Nationalsozialisten mit ihren Propagandakompanien nutzten. Während des Irakkrieges schickte die USA sehr viele Journalisten an die Front. Diese Technik ist heutzutage unter dem Namen des *embedded journalism* bekannt. Natürlich wäre der propagandistische Nutzen verhältnismässig klein, wäre es den Journalisten erlaubt gewesen, einfach alles aufzuschreiben. Die USA zensierte die Artikel also vor deren Erscheinung. Aber wie ist das möglich? Für was gibt es denn überhaupt die Pressefreiheit? Die Antwort ist einfach: Beim sogenannten *embedded journalism* handelt es sich um die kontrollierte und zivile Kriegsberichterstattung und hat in diesem Sinne wenig mit Pressefreiheit zu tun. Der Endkonsument liest am Ende einen Artikel, der zwar durch die Recherche vor Ort (dem Kriegsschauplatz) eine hohe Glaubwürdigkeit aufweist, allerdings nur das thematisiert, was die Regierung zulässt. Das ist aber längst nicht alles. Während den Kriegshandlungen im Irak behauptete die USA, dass Saddam Hussein Verbindungen zu dem gesuchten Terroristen Osama bin Laden pflege und im Besitz von Massenvernichtungswaffen sei. Zwei Annahmen, die vor allem in den USA Angst schürten und der US-Regierung somit zur Kriegsrechtfertigung dienten. Wirkliche Beweise für die Behauptungen gab es jedoch nie und wenige Bürger stellten diese Behauptungen je in Frage[43]. Des Weiteren sorgte die USA für die Verbreitung verschiedener Hintergrundberichte über die totalitäre und grausame Herrschaft Saddam Husseins, und das nicht nur in den Vereinigten Staaten, sondern viel mehr in der ganzen westlichen Welt. Auch begann die US-Regierung TV-Spots zu produzieren, in denen viele Muslime das Interesse am *american way of life* kundtaten. Die Amerikaner stilisierten sich also zum Retter der irakischen Bevölkerung, eine Rolle, die sie sehr überzeugend zu spielen wussten. Die USA wurde von der ganzen westlichen Welt als die gute Partei wahrgenom-

---

[43] Die Argumente der USA wurden ausserdem von vielen anderen Parteien bewusst nicht hinterfragt, profitierten diese doch von einer Entmachtung Saddam Husseins. Es ging wie so oft um Öl und somit um eine Menge Geld. Aber auch Länder wie die Schweiz profitierte durch viel Waffenexporte von diesem Krieg.

men, als eine Partei, die das Recht hatte, in den Irak einzumarschieren und der Bevölkerung einen 'Gefallen' zu tun.

Aber die andere Seite der Wahrheit wurde von den Amerikanern bewusst verschwiegen. So zum Beispiel der Fakt, dass der Irakkrieg auch zivile Opfer forderte. Ein Umstand, den Hussein wiederum für sich zu nutzten wusste. Auch er betrieb nämlich Propaganda am laufenden Band. Er und sein Regime stellten die Amerikaner bewusst als Unmenschen dar: So stiegen die Zahlen der zivilen Opfer in der irakischen Berichterstattung ins Unersättliche. Die irakische Propaganda ging noch weiter und liess sehr viele Bilder von toten, verletzten und verstümmelten Zivilisten verbreiten. Zudem liess Hussein das Gerücht in die Welt setzen, die von den Amerikanern verwendete Uranmunition[44] verursache Folgeschäden. Eine Behauptung, für die er ebenso wenig Beweise hatte wie die Amerikaner für ihre Terrorismusvorwürfe.

Somit waren die beiden Irakkriege neben kriegerischen Auseinandersetzungen vor allem eines: Propagandakriege. Dieses Beispiel zeigt sehr gut, dass Propaganda auch heutzutage noch oft eingesetzt wird und dass vor allem Informationen, die sich um eine kriegerische Auseinandersetzung drehen, mit besonderer Vorsicht betrachtet werden müssen. Kriege werden oft genau aus zwei Gründen geführt: Geld und Macht. Mit diesen Komponenten

---

[44] Uranmunition ist panzerbrechende Munition. Das Uran findet hier aufgrund seiner hohen Dichte seinen Verwendungszweck.

steigt auch der Propagandaaufwand der beteiligten Parteien, um ihr Ziel zu erreichen. Und auch das Beispiel der AFD zeigt gut, wie allgegenwärtig manipulativ Propaganda trotz allem immer noch ist.

Abschliessend kann gesagt werden, dass es zwar heutzutage aufgrund der hohen Freiheit und der Medienresistenz sehr viel schwieriger ist, erfolgreiche Propaganda zu betreiben. Trotzdem ist die Propaganda keineswegs verschwunden. Die Beispiele des Irakkriegs und der manipulativen Politikkampagnen zeigen, dass man vor den Manipulationsversuchen nie wirklich sicher ist und diese teilweise sogar heute noch erschreckend effizient sind.

Es ist darum wichtig, sich immer wieder zu einem kritischen Denkansatz zu ermahnen und Behauptungen permanent kritisch zu hinterfragen. Nur so kann wirklich garantiert werden, dass es nicht ein zweites Mal zu so einem schrecklichen Szenario wie dem Nationalsozialismus kommt. Es darf nicht ein zweites Mal passieren, dass ein ganzes Volk einem Regime folgt, das ein so menschenverachtendes und schreckliches Weltbild vertritt, wie es die NSDAP getan hat. Sind wir nun auch resistenter und entwickelter, heisst das nicht, dass man automatisch immun gegenüber Propaganda ist. Es gilt also stets, kritisch und aufmerksam zu bleiben.

Abschluss

Das Thema Propaganda wurde nun eingehend beleuchtet: Von der einfachen Wirtschaftswerbung über die psychologischen Propagandawirkungsmodelle bis hin zu der erschreckend effektiven Umsetzung durch die Nationalsozialisten. Ich hoffe, dass ich mit diesem Buch den Blick auf vieles verändern und schärfen konnte. Kritisches Denken ist nun zu einem universell anwendbaren Werkzeug geworden. Ein Werkzeug, dass von der geschichtlichen Diskussion bis hin zum Arbeitsweg vielseitig einsetzbar ist. Eine Methode, die es erlaubt, die Welt mit anderen Augen zu sehen. Eine Welt, in der so viele Parteien ihre Fäden ziehen und die Manipulation längst ein allgegenwärtiges Mittel ist. Eine Welt, die einen immer wieder aufs Neue verführen und irreleiten will und die unser psychologisches Wesen und unsere Emotionen gezielt gegen uns einsetzt. Eine Welt, die so viel mehr ist, als wie wir sie jeden Tag bei der Fahrt zur Arbeit, während dem Lesen der Zeitung oder dem abendlichen Fernsehprogramm wahrnehmen. Doch nun hat man die Wahl, einen Moment innezuhalten, und die Plakate, Werbespots oder Artikel etwas genauer unter die Lupe zu nehmen. Das eben errungene Wissen wieder hervorzuziehen und zu begreifen, was gerade passiert. Schon wird man feststellen, dass eine Beeinflussung, eine Manipulation im Gange ist und plötzlich ist man sich bewusst, wie diese manipuliert und was sie erreichen will.

Der Prozess des kritischen Denkens ist kein passiver. Vielmehr muss er ständig aktiv betrieben werden. Man sollte nicht einfach vor sich hinleben und seine Entscheidungen einfach nur mit dem Bauchgefühl treffen. Ansonsten ist nämlich die Manipulation immer nur einen Schritt entfernt und man ist steuerbar. Propaganda nistet sich wie ein Parasit in das Unterbewusstsein ein, das emotionale Handeln wird zum Marionettentanz. Nur wer innehält und auch kritisch denkt, wird seine Marionettenfäden zu kappen wissen. Nur so wird man die errungene Propagandaimmunität aufrechterhalten können. Eine Immunität, die auch heute sehr wichtig ist, zeigte doch das Beispiel der Nationalsozialisten, wie verheerend die Ausmasse von guter Propaganda und zu wenigem kritischen Denken sein kann. Die nationalsozialistische Propaganda schaffte es, ein ganzes zu Volk bevormunden. Durch deren Propaganda wurden Verbrechen toleriert, wie sie schrecklicher nicht sein könnten. Und diese Propaganda schaffte es auch, eine ganze Nation davon zu überzeugen, einen zweiten Weltkrieg zu beginnen. Das darf auf keinen Fall erneut passieren. Doch wenn das kritische Denken und die Fähigkeit, selbständig zu denken nicht weiterhin gefördert wird, kann es wieder so weit kommen. Deshalb ist es ausschlaggebend stets kritisch und durchdacht zu bleiben und nie aufzuhören, Fragen zu stellen.

Es ist ein Aufwand, das ist wohl wahr, ein Aufwand, der aber unter allen Umständen betrieben werden muss. Um seiner eigen Willen und um den Willen aller anderen, damit es nicht wieder zu einem solchem geistigen Missbrauchen kommen kann. Es muss aber auch verhindert werden, nicht selbst zum Propagandisten oder Verschwörungstheoretiker zu werden. So soll man sich auch immer die Kontrollfrage stellen, ob man wirklich nur kritisch und nicht einseitig denkt. Berücksichtigt man wirklich alle Fakten oder anerkennt man nur diejenigen, die zur eigenen Idee passen?

Es ist also wichtig immer kritisch zu bleiben, aber nie selbst zum Propagandisten einer fälschlichen und irrationalen Verschwörungstheorie zu werden. Kritik ist gut, aber nur, wenn sie richtig betrieben wir. Eine Vorgehensweise in der man nach der Lektüre dieses Buch ein Meister sein sollte.

Danksagung

Ich will mich an diesem Punkt bei all denen bedanken, die mir bei der Realisierung dieser Arbeit geholfen haben. Ein Buch, dass ohne so viele verschiedene Parteien nicht möglich gewesen wäre. Parteien, die mir vor, während und nach den Schreiben dieses Buches mit Tatkraft und ihrem Fachwissen zur Seite gestanden haben. Und die mir halfen, ein Buch zu schaffen, dass sowohl wissenschaftlich korrekt und vollständig, aber gleichzeitig lebens- und realitätsnah geblieben ist. Ein Buch, bei dem wirklich jeder einzelne von ihnen seinen oder ihren Teil geleistet hat.

Ich durfte auf dem Weg, den ich für dieses Buch beschreiten musste, so viele hilfsbereite und interessante Menschen kennenlernen. All diesen Menschen will ich meinen Dank ausrichten.

Beginnen will ich hier mit dem Buch- und Theaterautor Damian Zingg. Er war es, der mich von der ersten Skizze des Buches über den Rechercheprozess bis hin zum fertigen Buch immer unterstützt hat. Ohne seine Tipps und Tricks rund um den Prozess des Verfassens eines Buches wäre ich heute nicht hier. An dieser Stelle also ein grosses Dankeschön an dich, Damian, für all deine Unterstützung.

Als zweites will ich mich bei all denen bedanken, die sich Zeit für ein Interview mit mir genommen haben. Ohne ihre Informationen, Beispiele und Einblicke in die verschiedenen Bereiche wäre dieses Buch wahrscheinlich nur eine Ansammlung von theoretischem und trockenem Wissen geblieben. Insbesondere will ich and dieser Stelle Michel Grunder für seine Zeit und das sehr aufschlussreiche Interview danken. Ich schätze es sehr, dass du dir trotz all deinen Verpflichtungen so viel Zeit für mich genommen hast. An diesem Punkt will ich aber auch Clara Cortés und Linus Peter meinen Dank für all das Fachwissen und ihre Mühen aussprechen.

Ich will ausserdem auch all denjenigen danken, die mich bei meinem Coverdesign unterstützt haben. Hier gilt es, der Firma Spot-Werbung und insbesondere der Firma Miomedia zu danken. Ohne sie wären meine Coverideen nur Ideen geblieben. Danke an euch für eure grosszügige Unterstützung.

Der grösste Dank von allen gebührt aber immer noch meiner Korrektorin Gretta Bott. Ohne sie wäre dieses Buch nicht dasselbe, ohne ihre Überarbeitungen wäre dieses Buch immer nur eine blosse Ansammlung von Wissen geblieben. Sie war es, die aus der Rohform dieses Buches das gemacht hat, was schlussendlich vorliegt. Liebe Gretta, ich danke dir aus vollem Herzen für all die Stunden, die du mit der Korrektur meines Buches verbracht hast. Danke für all die Inputs, Anregungen und danke, dass du mir bei all meinen Fragen zur Seite gestanden hast.

Abschliessend will ich noch allen anderen danken, die mich ansonsten noch während der Entstehung dieses Buches unterstützt und aufgebaut haben. Danke an meinen Referenten Andreas Beriger für das Begleiten meiner Arbeit. Und Danke an all meine Freunde und meine Familie, die mich immer unterstützt haben.

Ein grosses Dankeschön also an euch alle, denn ohne euch wäre dieses Buch nie möglich gewesen.

Quellenverzeichnis

Literaturverzeichnis

Bernays, E. (2019). *Propaganda*. Berlin: Orangepress.

Bussemer, T. (2008). *Propaganda: Konzepte und Theorien*. Wiesbaden: VS Verlag für Sozialwissenschaften.

Frölich, E. (Hrsg.). (2008). *Die Tagebücher von Joseph Goebbels/ Register 1923-1943/ Sachregister H-Z*. München: K.G. Sauer Verlag.

Goebbels, J. (1998). *Die Tagebücher von Joseph Goebbels/ Teil I: Aufzeichnungen 1923-1924* (Bd. 7 (Juli 1939 bis Mai 1940)). (E. Frölich, Hrsg.) München: K.G. Sauer Verlag.

Goebbels, J. (1998). *Die Tagebücher von Joseph Goebbels/ Teil II: Diktate 1941-1945* (Bd. 10 (Oktober bis Dezember 1943)). (E. Frölich, Hrsg.) München: K.G. Sauer Verlag.

Goebbels, J. (1998). *Die Tagebücher von Joseph Goebbels/ Teil II: Diktate 1941-1945* (Bd. 8 (April bis Juni 1943)). (E. Frölich, Hrsg.) München: K.G. Sauer Verlag.

Goebbels, J. (1998). *Die Tagebücher von Joseph Goebbels/ Teil II: Diktate 1941-1945* (Bd. 7 (Januar bis März 1943)). (E. Frölich, Hrsg.) München: K.G. Sauer Verlag.

Goebbels, J. (2001). *Die Tagebücher von Joseph Goebbels/ Teil I: Aufzeichnungen 1923-1924* (Bd. 3/II (März 1936 bis Februar 1937)). (E. Frölich, Hrsg.) München: K.G. Sauer Verlag.

Hamm, I. (2019). *Kauf-Instinkt: Mit einem einfachen Modell des Konsumverhaltens zu zielsicheren Marketingstrategien.* Stuttgart: Schäffer-Poeschel Verlag.

Heidenreich, B. (2010). *Medien im Nationalsozialismus.* Paderborn: Verlag Ferdinand Schöning Gmbh.

Hinkel, H. (1975). *Die Funktion des Bildes im duetschen Faschismus: Bildbeispiele-Analysen-didaktische Vorschläge.* Steinbach/Giessen iund Wissmar: Anabas-Verlag.

Hitler, A. (2016). *Hitler, Mein Kampf: Eine kritische Edition* (Bd. 1). (Christian, T. Vordermayer, O. Plöckinger, & R. Töppel, Hrsg.) München: Institut für Zeitgeschichte München-Berlin.

Hitler, A. (2016). *Hitler, Mein Kampf: Eine Kritische Edition* (Bd. 2). (C. Hartmann, C. Vordermayer, O. Plöckinger, & R. Töppel, Hrsg.) München: Institut für Zeitgeschichte München-Berlin.

Hovland, C. I., Janis, I. L., & Kelly, H. H. (1953). *Communication and persuaion: psychological studies of opinion change.* New Haven: Yale University Press.

Hundhausen, C. (1975). *Propaganda: Grundlagen, Prinzipien, Materialien Quellen.* Essen: Verlag W. Girardet.

Klotz, M. (2005). *Der Einfluss der nationalsozialistischen Propaganda auf den Aufstieg der NSDAP*. Norderstedt: GRIN Verlag GmbH.

Kotler, P., Armstrong, G., Harris, L. C., Piercy, N. F., Schrader, M. F., & Moser, P. (2019). *Grundlagen des Marketings*. Hallbermoos, Germany: Pearson.

Le Bon, G. (1973). *Die Psychologie der Massen*. Stuttgart: Alfred Kröner Verlag.

Liebeswahr, C. (2009). *Massenpsychologische Beeinflussung, Schwerpunkt: Propaganda im Dritten Reich*. Norderstedt: GRIN Verlag GmbH.

Lisem, K., & Rademacher, L. (Hrsg.). (2018). *Die Macht der strategischen Kommunikation: Medienethische Perspektive der Digitalisierung*. Baden-Baden: Nomos Verlagsgesellschaft.

Ohr, D. (1997). *Nationalsozialistische Propaganda und Weimarer Wahlen: Empirische Analysen zur Wirkung von NSDAP-Versammlungen*. Opladen: Westdeutscher Verlag GmbH.

Rosenbaum, L. (2012). *Propaganda heute*. Norderstedt: GRIN Verlag GmbH.

Sluzalek, R. (1987). *Die Funktion der Rede im Faschismus*. Oldenburg: Bibliotheks-und Informationssystem der Universität Oldenburg.

Tuna, C., & Ejder, C. (2019). *Nativ Advertising: Digitale Werbung mit neuen Formaten*. Wiesbaden: Springer Gabler.

von Rosenstiel, L. (1996). *Psychologie der Werbung.* Rosenheim: Komar-Verlag.

Interviews

Cortés, C. (4. Januar 2020). Doktor der Psychoanalyse. (C. Masely, Interviewer)

Grunder, M. (4. März 2020). Head of Public Affairs bei Farner. (C. Masely, Interviewer)

Peter, L. (4. Februar 2020). Mastestudent in Politik und Verwaltungswissenschaften. (C. Masely, Interviewer)

Websites

Schweizerische Eidngenossenschaft. (kein Datum). Abgerufen am 16. Februar 2020 von https://www.bk.admin.ch/bk/de/home/dokumentation/der-bund-kurz-erklaert.html

(kein Datum). Abgerufen am März 2020 von Internet Archive: https://archive.org/

Filmausschnitte aus nationalsozialistischen Reden

Goebbels, J. (Redner). (10. Februar 1933). *Ausschnitt aus Rede im Sportpalast* [Filmausschnitt]. Von https://archive.org/details/Dr.Goebbels193310.FebruarySpeechInSportpalastsubtInHQ360p abgerufen

Goebbels, J. (Redner). (10. Februar 1933). *Ausschnitt aus Rede im Sportpalast* [Filmausschnitt]. Von https://archive.org/details/Dr.Goebbels193310.FebruarySpeechInSportpalastsubtInHQ360p abgerufen

Hitler, A. (Redner). (1933). *Ausschnitt aus einer Rede Hitlers in Siemens Fabrik* [Filmauschnitt]. Von https://archive.org/details/youtube-FIdXdZjJv1c abgerufen

Hitler, A. (Redner). (1938). *Ausschnitt aus Hitlers Rede in einer Fabrik in Essen* [Filmausschnitt].

Tonausschnitte aus nationalsozialistischen Reden

Goebbels, J. (18.2.1943). Sportpalastrede. Sportpalast, Berlin, Deutschland. Von https://archive.org/details/19430218JosephGoebbelsRedeImBerlinerSportpalast108m50s abgerufen

Hitler, A. (3.10.1941). Adolf Hitlers Rede vor Kriegswinterhilfwerk. Kriegswinterhilfwerk, Berlin, Deutschland. Von https://archive.org/details/AdolfHitler-SpeechFrom03.10.1941 abgerufen

Hitler, A. (30.01.1940). Adolf Hitlers Rede im Sportpalast. Sportpalst, Berlin, Deutschland. Von https://archive.org/details/AdolfHitler-SpeechFrom30.01.1940 abgerufen

Nationalsozialistische Propagandafilme

Harlan, V. (Regisseur). (1940). *Jud Süss* [Kinofilm]. Von https://archive.org/details/JudSuess_487 abgerufen

Hippler, F. (Regisseur). (1940). *Der Ewige Jude* [Kinofilm]. Von https://archive.org/details/DerEwigeJudeEnglishSubtitles_201904 abgerufen

Liebeneiner, W. (Regisseur). (1941). *Ich klage an* [Kinofilm]. Von https://archive.org/details/cttrh/Ich+klage+an+(I+accuse)+1941.mp4 abgerufen

Ritter, K. (Regisseur). (1941). *Stukas* [Kinofilm]. Von https://archive.org/details/cttrh/Stukas+(1941).mp4 abgerufen